「問題解決学習」と心理学的「体験学習」による新しい道徳授業

エンカウンター、モラルスキル、問題解決学習など「理論のある面白い道徳授業」の提案

明治大学教授
諸富祥彦 著

はじめに

道徳が、「特別の教科　道徳」になります。

いまが、道徳教育にとっての正念場です。

いま現場では、これで道徳の時間がよくなるのか、悪くなってしまうのか、さまざまな議論がなされています。

心配の声があがるのは、特に、これまで道徳教育に熱心に取り組んできた先生方からです。

懸念の声は、例えば、次のようなものです。

・道徳が「教科」になる以上、一時間に一内容項目を確実に教える必要がある。これにより、これまで以上にパターン化された「価値の教え込み」の授業になってしまうのではないか？
・創意工夫した授業ができにくくなるのでは？
・道徳の時間と、ほかの教科や特別活動などをつなげた、総合単元的な道徳がやりにくくなるのでは？
・教科書を単純に教える形式的な授業が多くなってしまいそうだ
・エンカウンターなどの心理学的手法を用いた「体験的な道徳学習」をやりにくくなるのでは？
・総合学習のように、道徳的な問題についてとことん探求していくような授業は、一時間ではとてもできないので、これもしにくくなるのでは？

つまり、道徳授業を熱心にやってきた先生方から、「教科化」されることでこれまでのような授業ができにくくなるのではないか、という不安があがっているのです。

「道徳をやれば出世できる」などといった風潮が生まれて、道徳担当になりたがる人が増えている、といった声も聞きます。

こうした懸念は十分にわかります。

しかし、私は、こうした懸念はむしろ、道徳がよくなる可能性を意味していると理解したいのです。

先に示した懸念をすべて、逆手にとればいいのです。

・一時間に一内容項目などという固い発想にとらわれずにいこう！
・パターン化された「価値の教え込み」から脱皮して、多様な方法に取り組もう！
・創意工夫した授業をいまこそ、するのだ
・エンカウンターなど心理学的な手法を使った「体験的な道徳学習」をやっていこう！
・道徳の時間とほかの教科や特別活動などをつなげていこう
・「内面」にとどまらない道徳の「行為」の体験的な学習もしていこう！
・総合学習のように、大人でも「うーん」となるような困難な問題について、子どもたちと「本気で」教師も探求していく真剣勝負の授業をしていこう！
・人間の「いのち」の問題をとことん掘り下げていく授業をしていこう！
・「畏敬の念」など、人間を超えたスピリチュアルな次元にまでふれる、魂が揺さぶられる授業をしていこう
・本物の「自己肯定感」を高める授業をしていこう！

・「心が響く」どころではない「魂が打ち震える授業」をしていこう！

道徳を熱心にやってきた先生方にとって、いまこそ「勝負のとき」です。
道徳教育改革が成功するか否かは、私たちの手にかかっています。

では、どのように考え、どのような道徳授業をすればいいのでしょうか。
その指針を示したのが、本書なのです。

二〇一五年一月一日

明治大学教授　諸富祥彦

目次

目　次

第Ⅰ部　理論編

第1章　これが新しい道徳授業だ！　これまでと何が違ってくるのか
――「価値を教える道徳」から、「総合的な道徳的資質・能力を育てる道徳」へ

◎新しい道徳授業の方向性とは――道徳授業はどう変わるのか

道徳が「特別の教科」になります。

それによって、道徳の授業が変わると言われています。

では道徳教育はどう変わるのか。とりわけその「要」の時間とされてきた道徳授業はどう変わるのか。どんな授業が必要とされるのか。本書は、その具体的な実践と基本的な考えを示すものです。「これが、新しい道徳授業だ」というモデルを示すのです。

これからの道徳授業で特に注目されるのは、従来型の「価値を教える道徳」とは異なるタイプの道徳授業です。

道徳の授業は、どう変わるのでしょうか。一言で言えば、

「道徳的価値を教える」という「内容モデル」「内面主義」の発想にとどまらず、それを大切にしながらも、さらにそれを含んで超えて「道徳的資質・能力を育てるモデル（コンピテンシー・モデル）」の発想に立つ授業が行われるようになる

のです。

詳しくは後述しますが、いま、学校教育のカリキュラム全体が知識を教えるという「内容モデル」から、これからの時代を生きていくうえで必要な力を学習するという「資質・能力モデル」に変わりつつあります。

このなかで、道徳の授業も、ほかの教科と同じように、「資質・能力モデル」の発想に立った授業が行われるようになるのです。具体的にわかりやすくいうと、それは大きく次の二つに現れると考えられます。

○一つは、心理学の手法を用いた「体験的な道徳学習」に取り組み、道徳の具体的な「行為」にかかわる能力を育成する授業が増えてくるでしょう。

これまでは、どちらかと言えば、道徳の授業は「内面」にのみかかわる傾向がありました。それが、「実際の行為」まで射程において「内面的資質・能力」を育てる授業を行うようになります。

当然のことですが、人間が道徳的に生きていくには、心情（エモーション）のみならず、思考（コグニション）、行動（ビヘイビアー）のいずれも必要です。道徳は、これらすべてにかかわる全人格的なものなのです。

授業の実際としては、「『体験的な道徳学習』を行うための心理学手法」である「ロールプレイング」「エンカウンター」「モラルスキルトレーニング」などがこれまでより多く使われるようになるでしょう。心理学的な「体験学習」の要素を重視する道徳授業です。

○また一つは、道徳的な「問題解決学習」型の授業が増えてくるでしょう。「自分で考え、話し合い、さらに考えて自分で選ぶ」授業です。

現実の社会のなかでは、道徳的問題が山積みです。現実の社会のなかで、実際に道徳的に生きようとすれば、そこに山積されている道徳的問題に目をつむるわけにはいきません。パーソナル（個人的）な問題。ローカル（地域）の問題。「持続可能な社会」といったグローバルな課題……。実際の道徳的問題について、自分で考え、書き、他者と話し合い、協力して、問題解決の方途を探っていくことができなくてはなりません。

こうした、一人での問題発見・解決型思考や、他者との話し合いといったことが「できるようになる」資質・能力を育てる道徳授業が求められます。

具体的には、「リアルな道徳場面を提示する資料」を配布し、まず一人で考えさせ、ワークシートに書かせ、他者と話し合い、コンセンサスを見出していくような場面を設ける授業です。

①　一人で考え、ワークシートに書く
↓
②　小グループで話し合う
↓
③　学級全体で話し合う
↓
④　一人で考える

という四段階の授業が、新しい道徳授業の主流の一つになるはずです。

ここでは、ウェビング、シェアリング、話し合い、聞き合い、コンセンサス学習などの方法が有効になってきます。

私は、こうした変化は、たいへん望ましいものと考えています。というのは、正直、誠実、勤勉などの「徳」を知っていることは大きな意味がありますが、それだけでは、現実の社会のなかで道徳的に生きていくことは不可能だからです。

ここで当然のことを改めて確認したいと思います。

何のために道徳教育はあるのでしょうか。

子どもたちが大人になった十年後、二十年後、三十年後に社会のなかで「道徳的に生きることができるようになっている」ためです。それが「できる」ようになるために行われるのが、道徳教育です。

「教師が何を教えるか」ではなく、「子どもが（大人になったとき）何をできるようになるか」が重要です。そうした視点から、道徳教育を組み立て直すべきです。

しかし現実には、なかなかむずかしい。例えば環境問題について、A、B、Cの三人みなそれぞれが「自分はこれが道徳的に正しいと思う」ことをそれぞれに語っています。どの言い分にもわかる点があり、実際にどうするのが道徳的に正しいのか、よくわかりません。そこに居合わせた「私」は、どうしていいかわからないので、ただの傍観者としてすごすことになります。

あるいは、次のようなこともあります。目の前で、ある人が明らかに困っています。何かを失くしたか、道に迷ったか、どちらかのようです。助けを必要としているのは、明らかです。そこを通りがかった「私」は、どう話しかけたらいいかわからず、困ってしまいます。結果、そのまま気になりながらも何もできずにいることになります。

日本人の多くは「道徳的なことをしたいという気持ち」＝「道徳的心情」はそれなりにもち合わせています。しかし、このようなあいまいな場面（実際の道徳場面の大半は、あいまいな場面です）においては、ただ「どうしていいかわからない」ので、単なる傍観者になったり、道徳的にコミットしないままになってしまいます。こうしたことが非常に多いのではないでしょうか。

道徳的な「心情」を育てることはもちろん重要です。しかし、実際の社会のなかで道徳的に生きていこうとすると、そのとき自分はどうすればいいか「判断」し、「実行」するための「能力」が必要になります。このあいまいな社会のなかで、道徳的に正しい行為を自分で発見し、選択し、実行できるようになる力を、子どものうちから育てておかなくてはならないのです。

私は、一九九〇年代半ばから、読み物資料を使って主人公の気持ちについて考え話し合う方式（いわゆる従来型）とは異なる「新しいタイプの道徳授業」の研究をし、現場に提言してきました。（『道徳授業の革新――「価値の明確化」で生きる力を育てる』『エンカウンターで道徳』『道徳授業の新しいアプローチ10』いずれも明治図書など）

私は、従来型の授業を否定するものではありません。場合によっては、それはとても大きな力を発揮するものであると考えています。しかし学校現場で行われている道徳授業が、あまりにも一面的で偏りすぎていたので、そこに不足していると思われる側面を強調し、提示してきたのです。

子どもたちが、これからの長い人生を生きていくうえで、真に「生きる力」となって働くような「道徳的なチカラ」（道徳的資質・能力）を、大人になってから困らないように「総合的な実践力」として育んでいく必要があるのです。

ようやく、時代が私の考えに追いついてきました。正直、そんな実感があります。

◎「価値内容」から「総合力」へ

これからの道徳授業の変わる方向は、一言でいえば

「価値内容」を教える道徳から、「総合力としての道徳のチカラ」（資質・能力）を育てる道徳へ

というシフトです。従来型の「読み物資料の主人公の気持ちを考え話し合う」道徳授業は、誠実、勇気、思いやりといった「価値内容」を教えることを目的とした授業でした。言葉を換えれば、「徳目」を教える道徳であり、「道徳的心情」に偏った道徳授業だったのです。

これはたいへん大きな力をもつものであり、私はそれを否定するものではありません。むしろ、日本の学校教育のなかで長年かけて熟成されてきたこの方法は、これからも道徳授業の主要な方法の「一つ」として、大事に育てられ継承されていくべきだと思っています。

しかしそれのみでは、「道徳的な総合力」を育てるのには、不十分です。従来の方法で教えられてきた「価値内容」を「含んで超えて」、つまり、よりインクルーシブな、より包括的な総合的なチカラ（資質・能力）を、子どもたちに育てていく方向に変わっていくべきです。また、そうなっていくと思われます。

◎「道徳」とは、何か

ここで、そもそも道徳とは、何でしょうか。道徳教育とは何でしょうか。私見を示しておきます。

「道徳」とは、何でしょうか。

人には、本来歩むべき「道」があります。

人間として、誰でもが歩むべき「道」があります。

人間であれば、踏み外してはいけない「道」があります。

「道」から外れては、ならないのです。

それればかりではありません。

人には、その人の人生に与えられた固有の使命・天命があります。

その人が本来、歩むべき固有の「道」があります。

つまり「道」には、人間であれば誰しもそれを踏み外してはならない、という普遍性・一般性と、その人にだけ与えられた独自の固有の使命・天命という独自性・固有性との二重性があるのです（この「道」の二重性について、学習指導要領では前者を「人間としての在り方生き方」と言い、後者を「自己の生き方在り方」といった表現で言い表しているのでしょう）。

この二重の「道」を、人が本来歩むべきように歩むことができるためには、「徳」を、つまり単なる知識にとどまらない「人格的なチカラ」（人格的資質・能力）を必要とします。これが「道徳」なのです。

したがって道徳教育とは、人間であれば誰しもが歩むべき「道」を歩み、そして、自らの使命・天命にしたがって自らの本来歩むべき「道」を往けるように、人格的なチカラ（資質・能力）を身につけることをめざした教育です。

◎「コンピテンシー・ベース」

しかも、これは、道徳だけでなく、ほかのあらゆる教科などにも共通して起きている変化の方向性です。

それは一言でいえば、学校教育の内容や方法を考えるにあたっての基本モデルの変更です。

・「内容モデル」から、「総合的な資質・能力モデル」へ。
・「学問内容をベースにした学習モデル」から、「これからの社会を生きていくために必要となるチカラ（資質・能力）を育成する学習モデル」へ。

と呼ばれる変化です。俗に「コンピテンシー・ベース」と呼ばれるモデルへの変化です。

それぞれの教科には、その「親学問」と呼ばれる学問が存在しています。例えば「算数」には、親学問としての「数学」があります。「理科」には、親学問としての「化学」や「物理学」「生物学」などがあります。「社会科」には、親学問としての「歴史学」「政治学」などがあります。

これらの親学問の「内容」を、子どもの発達段階をふまえて、わかりやすくかみくだいて教えていくのが、これまでの教科学習の考え方でした。

しかし、それだけでは足りないのです。子どもたちが大人になって、このむずかしい時代を生き抜いていくのに必要なチカラを育てていくことはできないのです。そこで提唱されてきたのが、「コンピテンシー（資質・能力）」を基礎とした考え方です。

もっとも、時代に応じて、親学問の側にも当然変化が生じてきます。例えば道徳の場合、誠実、勤勉といった「徳」を探求することを主眼とした「徳倫理学」から、現代社会における倫理的な諸問題、例えば環境問題の研究を行う「環境倫理学」や遺伝子操作などの生命問題の研究を行う「生命倫理学」へと、その射程が広がってきています。道徳教育の変化は、倫理学そのものの変化とある程度パラレルです。

◎コンピテンシーとしての「道徳の総合力＝道徳力」

学校教育は何のためにあるのでしょうか。子どもたちが四十年後、五十年後に、幸福な人生を生きられる社会の担い手となるために、必要な力を獲得させるためにあるのです。そのためにどのような「力」を育てておく必要があるか、という視点で教育を行っていく必要があります。

例えば欧州を代表する知識人の一人であるジャック・アタリ氏は、近未来の世界で起こるであろう危機を予想し、それらへの対処の姿勢を述べました（『危機とサバイバル――21世紀を生き抜くための〈7つの原則〉』林昌宏訳、作品社）。アタリ氏は、人類のサバイバルの経験のなかには、表面的な相違を超えた7つの共通の原則があると指摘します。

第１〈自己の尊重〉
第２〈緊張感〉
第３〈共感力〉
第４〈レジリエンス〉
第５〈独創性〉
第６〈ユビキタス（あらゆる状況に適応できる能力）〉
第７〈革命的な思考力〉

国家の枠組みを超えたグローバル資本主義の活動を制御しがたいことから、経済危機が再び起こります。石油の生産量はピークを超え、深刻なエネルギー危機が生じます。世界人口の爆発的な増加に伴い、水資源や食糧の確保が困難になります。地球環境にも過大な負荷がかかってエコロジー危機になります。世界的規模での伝染病の流行や戦争が発生します。これらの危機が一部でも現実化すれば、人類の生存すら脅かされかねません。しかし、そうした警告は、既に繰り返しさまざまな機会に発せられてきたにもかかわらず、我々の多くは「危機の見通しに麻痺（まひ）してしまい」、アタリのいう「消極的戦略」をとり、「なりゆき任せ」の態度に流されてきました。

DeSeCoはホリスティックモデルに立って、コンピテンスを「ある特定の文脈における複雑な要求（demands）に対し、認知的・非認知的側面を含む心理――社会的な前提条件の結集を通じて、うまく対応する能力」（Rychen & Salganik 2003: 43）と定義しました。「状況からの問い（要請）への応答力」が、コンピテンスの中核概念となりうるのです。

DeSeCoのキー・コンピテンシー概念では「対象世界」「他者」「自分自身」という三つの軸によって能力をホリスティックにとらえています。これはほぼそのまま、「学校教育においてめざす人格形成像の一つのモデル」となりうる可能性を秘めています。DeSeCoのキー・コンピテンシー概念は、子どもの人格形成に直接かかわる諸領域――道徳教育、特別活動、生徒指導、キャリア教育、教育相談、教育カウンセリングといった相互に重なり合う諸領域――の「核」となり、これらの領域を概念的に再統合するための支柱の一つとして機能しうるはずです。

そのキーワードは「日々、直面するさまざまな状況の要請（問い）に対して、自らの内的諸力を総動員して応答していく能力」＝状況への「応答力」です。

例えば、学級の中で、いじめがとまらないとき……。例えば、いつも誰かが仲間外れにされ、孤立状態が続いているとき……。例えば、クラスの中で私語が絶えず、授業をちゃんと聞きたいと思っている生徒の妨げになっているとき……。例えば、電車の中で座れずに苦しんでいるお年寄りがいるのに、目をつむったまま大音量で音楽を聞いているため、それに気づけずにいる自分と同世代の若者がいるとき……。

このようなときに、こうした状況を、「自分とは無関係なもの」として切り捨てることなく、「自分自身にもかかわるのっぴきならない問い」として引き受け、考え、どのようにすればよいかをほかの子どもたちとも話し合いながら、この問題に対する自分なりの答え（応答）を見つけていく……。

これが「状況の要請への応答力」です。こう考えると、「応答力」が、教科学習だけでなく、否、ある意味ではそれ以上に、道徳教育、特別活動、生徒指導、キャリア教育、教育相談、教育カウンセリングといった子どもの人格形成に直接かかわる諸領域にとって、その中心概念の一つになりうるものであることがわかるでしょう。

現状では、道徳教育、特別活動、生徒指導、キャリア教育、教育相談、教育カウンセリングといった諸領域は、実際にはかなりの部分、相互に重なりながらも、個々に並存して存在しているにすぎません。相互の関連もいま一つ不透明で、学校現場は、どの領域にも対応せざるをえず、多忙さを増すばかりでした。

「状況からの問い（要請）への応答力」という概念を中核として、こうした諸領域を見直し、相互に関連づけていくこともできるでしょう。

◎「論点整理」に見る「育成すべき資質・能力」と道徳教育

文部科学省の議論でこの問題がどう扱われているかをみておきましょう。二〇一四年四月四日、文部科学省は次期学習指導要領のあり方を検討してきた有識者検討会議「育成すべき資質・能力を踏まえた教育目標・内容と評価の在り方に関する検討会」の議論の結果をまとめて、「論点整理」として公表しました。

文部科学省によれば、その主要なポイントは、以下のようなものです。（「論点整理【主なポイント】平成二十六年三月三十一日取りまとめより）

①「児童生徒に育成すべき資質・能力」を明確化した上で、②そのために各教科等でどのような教育目標・内容を扱うべきか、③また、資質・能力の育成の状況を適切に把握し、指導の改善を図るための学習評価はどうあるべきか、といった視点から見直すことが必要。

主な提言事項

→従来の学習指導要領は、児童生徒にどのような資質・能力を身に付けさせるかという視点よりも、各教科等においてどのような内容を教えるかを中心とした構造。そのために、学習を通じて「何ができるようになったか」よりも、「知識として何を知ったか」が重視されがちとなり、また、各教科等を横断する汎用的な能力の育成を意識した取組も不十分と指摘されている。

→世界的潮流として、ＯＥＣＤの「キー・コンピテンシー」をはじめ、育成すべき資質・能力を明確化した上で、その育成に必要な教育の在り方を考える方向。（アメリカを中心とした「二十一世紀型スキル」、英国の「キー・スキルと思考スキル」、オーストラリアの「汎用的能力」など。）日本でも比較的早い時期から「生きる力」の理念を提唱しており、その考え方はＯＥＣＤのキー・コンピテンシーとも重なるものであるが、「生きる力」を構成する具体的な資質・能力の具体化や、それらと各教科等の教育目標・内容の関係についての分析がこれまで十分でなく、学習指導要領全体としては教育内容中心のものとなっている。

→より効果的な教育課程への改善を目指すためには、学習指導要領の構造を、育成すべき資質・能力を起点として改めて見直し、改善を図ることが必要。

一言でいえば、「何を教えたか」「何を知ったか」から「何をできるようになったか」へ。この変化が、学校教育のあらゆる分野で求められるようになっているのです。

では、具体的には、どのような変化が求められるようになってきているのでしょうか。「論点整理」の中から、具体的な個所を拾ってみましょう。

○グローバル化や情報通信技術の進展など今後の社会の変化も見据えながら、自立した人間として、他者と協働しながら、新しい価値を創造する力を育成する観点から求められる資質・能力について検討する必要がある。具体的には、例えば、「主体性・自律性に関わる力」「対人関係能力」「他者と協働する力」「課題を解決し、新たな価値を主導・創造する力」「学びに向かう力（意欲・集中力・持続力等）」「情報活用能力」「グローバル化に対応する力（外国語によるコミュニケーション能力、日本と外国の伝統や文化に対する深い理解など）」などについて、今後求められる資質・能力として重視しつつ、検討する必要があると考えられる。

○さらに、環境問題の深刻さを考えると、地球環境問題等に関わる「持続可能な社会づくりに関わる実践力」「地球的視野・価値観」などについても、今後重要な資質・能力として検討

する必要があると考えられる。（11—12頁）

◎実は、現場主導で着々と進められてきた「コンピテンシー・ベースの道徳授業」

「論点整理」で書かれている内容は、道徳に取り組んできた教師にとっては、たいへんなじみ深いものではないでしょうか。

「主体性・自律性に関わる力」は、道徳の四つの視点の主にAの視点
「対人関係能力」「他者と協働する力」は、主にBの視点
「グローバル化に対応する力（外国語によるコミュニケーション能力、日本と外国の伝統や文化に対する深い理解など）」はCの視点
地球環境問題等にかかわる「持続可能な社会づくりに関わる実践力」「地球的視野・価値観」は、CとDの視点

それぞれ、すでに道徳の授業に真剣に取り組んできた教師であれば、やってきたものばかりです。重要なのは、これらについて「価値」を教える方式の授業をするのではなく、

「情報活用能力」を駆使しながら
「学びに向かう力（意欲・集中力・持続力等）」をもって
「課題を解決し、新たな価値を主導・創造する力」を身につける

ということでしょう。

すぐにイメージされるのは、フィクションの「読み物」ではなく、ノンフィクションの「事実」に直面させ、それをもとに子どもたちが自分のもつすべての力を結集させて、取り組んでいく姿でしょう。

こうした道徳授業を、先進的な道徳の授業では、ずっと前からすでに行ってきました。そうすることが、これからの子どもたちにとって必要な「生きる力」を育てることに必要であることがきわめて明白であったからです。

つまり、「コンピテンシーベース」＝現実の社会のなかで道徳的に生きるために必要となる資質・能力を育てていく方向性は、文部科学省によってというよりも、現場主導で導き出されてきた方向性です。少なくとも、千葉を中心とした私の周囲の現場教師たちは、一九九〇年代前半からこの方向性を明確にとってきました。当時、現場で道徳授業を見た私は「公立小学校

で、これほどエッジな（時代の最先端を行く）授業が行われているのか」と驚愕したのを覚えています。

私が指導したのではありません。私は現場で行われていた授業の斬新さに驚き、目覚めさせられたのです。二十年以上たって、ようやくその方向性が文部科学省で示されようとしています。

もう一つ、「論点整理」のなかで、道徳授業の新しいあり方と直結する個所があります。

○上記のような成果や課題も踏まえながら、今後更に教育目標・内容の構造の組み立て方や記述の仕方等を追究するとともに、本検討会の論点整理を踏まえた新たなモデルの構築を検討する必要がある。

そのための一つの方策として、育成すべき資質・能力を踏まえつつ、教育目標・内容を、例えば、以下の三つの視点を候補として捉え、構造的に整理していくことも考えられる。

ア）教科等を横断する、認知的・社会的・情意的な汎用的なスキル（コンピテンシー）等に関わるもの

①　認知的・社会的・情意的な汎用的なスキル等としては、例えば、問題解決、論理的思考、コミュニケーション、チームワークなどの主に認知や社会性に関わる能力や、意欲や情動

制御などの主に情意に関わる能力などが考えられる。

②　メタ認知（自己調整や内省・批判的思考等を可能にするもの）【補足1】

イ）教科等の本質に関わるもの

具体的には、その教科等ならではのものの見方・考え方、処理や表現の方法など。例えば、各教科等における包括的な「本質的な問い」と、それに答える上で重要となる転移可能な概念やスキル、処理に関わる複雑なプロセス等の形で明確化することなどが考えられる。【補足2、参考4】

ウ）教科等に固有の知識・個別スキルに関わるもの（21頁）

ここから読み取れるのは、これからの道徳授業では「教師が発問し、子どもが答える」時間ばかりが中心となるのではなく、それに加えて「子どもが自分一人で考え、書く時間」や「道徳的な問題解決に向けて話し合う時間」や「チームワークを組んで、協力して話し合ったり、プレゼンテーションをしたりする時間」も増えていくであろうということです。

◎四つの視点とキーコンピテンシー

また、平成二十年の中央教育審議会答申ではすでに、「生きる力」を育むにあたっての重要な要素として、「自己に関すること」「自己と他者との関係」「自己と自然などとの関係」「個人と社会との関係」が整理されています。これを見て、道徳の四つの視点を想起された方は少なくないでしょう。要するに、「生きる力」といい、「キーコンピテンシー」というのも、これからの困難な時代を生き抜いていくために必要な人間の「総合力」のことなのです。

人間の全面的な人格形成に直接かかわる道徳教育は、まさにこの四つの視点を先取りしてきたのです。

「四つの視点」の優れた点は、何といっても、その包括性です。学習すべき重要な何かで、「四つの視点」に入らないものを連想することは可能でしょうか。私はできません。

◎道徳教育の目標は「道徳性」を育てること

道徳の時間の目標も、道徳教育全体の目標も同じ。「道徳に係る内面的な資質・能力である道徳性を育成する」ことです。

ただ、その「道徳性」をどうとらえるかが、重要です。大切なのは、「道徳性」について、ただ、「道徳に係る内面的な資質・能力」としか記されていない、ということです。これは、道徳性というのは、ある限定された「資質・能力」というよりは、道徳にかかわるきわめて「包括的で、総合的な、全人格的な資質・能力」として理解すべきだということです。このことはきわめて重要です。

これまでの道徳の時間の指導では、「内面」「心情」ばかりが過度に重視されてきた傾向がありました。そして「実践的な行為」、例えば席を譲る、挨拶をする、一人でいる友達に声をかける、といった行為にかかわる指導については、道徳ではなく特活だ、といった指摘がなされることもありました。社会の道徳問題、例えば環境問題に関して白熱した議論が行われれば、それは社会科だ、総合学習だ、道徳ではない、と指摘されることもありました。

しかし、当然のことながら、実際に「道徳的に生きる」ためには「席を変わってあげたい」という「気持ち」をもつのみならず、実際に席を譲るという「行為」や、それに先立って、「もしよければ席を代わりましょうか」とたずねる「コミュニケーションの力」（この場合、質問力）も必要とされます。これらすべてが、複雑に絡み合っています。この相互に複雑に絡み合った「包括的な道徳的資質・能力」の全体が「道徳性」なのです。

また、実際に自然環境を大切に生きていくためには、ただ「自然を大切にしたい」という「気持ち」をもつだけでは十分ではありません。ある企業において、どのように環境保護に取り組むかを議論する際、十分にデータを集め、解決策を十分に練り、問題の所在を確かめ、他者の言い分に耳を傾け、ていねいに議論を重ねることが必要になります。こうしたことのすべてにかかわる相互に複雑に絡み合った「包括的な資質・能力」「総合的な資質・能力」の全体が「道徳性」なのです。

こうしたことの積み重ねのなかで、真に環境問題を大切にする姿勢は育まれていくのです。それに比べれば、「自然環境は大切です」と千回大声で唱えることは、道徳性の育成において、無意味に近いのです。

◎「道徳力」の「コンピテンシーとしての再定義」が必要である

道徳的実践には、例えば挨拶をしたり、電車で席を譲ったりといったようなその状況で行われるべき行為が比較的明示的（explicit）な場合と、その状況の何が真の問題なのかが見えにくいような比較的暗黙的（implicit）な場合とがあります。このことから「道徳的資質・能力」は例えば、次のように再定義できます。

「①ある状況でなすべきことが明確な場合にそれを具体的な行為に移しうるスキル。また、②ある状況について、そこに潜んでいる道徳的問題を発見し、それを自身にとってのっぴきならない問題として引き受け、考え抜き、その解決法を他者と話し合い、協同で解決に向けて動いていく力」。

「特別の教科・道徳」では、この「総合的な道徳的資質・能力」のうち、道徳的価値が直接かかわる側面に中心的に取り組み、ほかの教科や総合、特別活動も、それぞれ別の側面を育てていきます。しかしあくまで学校の教育活動全体や家庭教育とのかかわりなどを通して「総合力としての道徳的資質・能力の総体」を育てていくことが肝要です。区分はあくまで相対的なものにすぎないのです（ここまでは道徳、ここからは特活、といった不幸な形式主義はやめるべきです）。

全教育活動を通していかにして「総合力としての道徳的資質・能力」を育てるかの年間計画が重要であり、真の意味での力の育成につながる実践の提示が必要です。「特別の教科・道徳」についても、既知のイメージを打ちこわし、「これからの時代を子どもたちが、よりよく生き抜いていくためには、なるほど、こんな授業で、こうした力を鍛えておくことがたしかに必要だ」という刺激的な発見を「授業の実践の提示」を通して発信していくことが求められます。

◎学校教育本来の目的である「人格形成」がより正面から問われるようになる

道徳の「特別の教科」化によって、学校教育が改革されるとき、それはどのような類の教育改革でしょうか。道徳の「特別の教科」化によって、道徳の時間がまったく新たな時間に変わるわけではなく、その本来の機能をより前面に押し出し十分に発揮できるようになります。

だとすれば、道徳の「特別の教科」化によって押し進められる学校教育改革も、何か「新たなこと」がつけ加わるような類の改革ではなく、「従前より学校教育に本来備わっていたものがより明確になり、正面から具体的に実現されること」が求められるような類の改革であるはずです。それは一言で言えば、学校教育本来の目的である「人格形成」がより正面から問われるようになることでしょう。

改めて言うまでもなく、学校教育の目的は「人格形成」です。これまでもそうであり、これからもそうあり続けるべきです。学校教育の諸分野は人格形成という目的に異なる側面から迫っていくものと位置づけられます。例えば、

○道徳性の側面から↓道徳教育
○自己指導力・社会的リテラシーの面から↓生徒指導
○ライフスパンの側面から↓キャリア教育
○知識や技能の側面から↓教科学習

これらはあくまで「視点の違い」「アプローチの角度の違い」であって、実体が異なるわけではありません。「学校教育のさまざまな分野における人格形成の営み全体を統合し俯瞰して見ることができるような枠組み」が何か必要ではないか、と筆者は考えています。またその際、道徳教育における「四つの視点」、すなわち、「自分自身」「人との関わり」「集団や社会との関わり」「生命や自然、崇高なものとの関わり」の四つの視点が、学校教育における人格形成を整理する「枠組み」として機能しうるのではないか、と考えられます。

学校教育の目的は「人格形成」であることはしばしば当然の前提として「背景」に退けられ、十分な議論の対象とされてきませんでした。

道徳の「特別の教科」化によって、このこと、学校教育は本来、知的学習の場であるだけでなく、人格形成の場であること――人格陶冶の場であること――が改めて正面から意識し直されるでしょう。それは道徳の「特別の教科」化議論が、いじめ問題との絡みで浮上してきたこととともかかわっています。簡明に言えば、学校は勉強の場にはなっていても、子どもたちの心を育成し、人格を形成する場としては十分に機能してきたとはいえません。このことがいじめ問題として明るみに出ました。

道徳の「特別の教科」化をはじめとする道徳教育の充実によって、社会から求められる説明責任も生じます。どのような説明責任かといえば、道徳の「特別の教科」化の取り組みによって、学校教育は果たして子どもの心を育成できる場として、人格形成の場として、再生することができるか、という問いです。そのなかで当然議論されるのは、学校教育で行われる人格形成とは何なのか、（単なる理念としてではなく）どの側面が、どのような形で取り組まれていくのかという問題です。

残念ながら、現状のままでは、道徳教育は世間からの厳しいまなざしにさらされることにならざるをえません。理由の一つは、理論的基礎づけが不十分なためです。日本の大学に道徳教育学の研究室がほとんど存在してこなかったこともあり、学問体系として不十分です。また一つは、道徳の時間についてのオープンでアカデミックな議論が（八〇年代まで実質的に「鎖国」状態であったこともあり）なされてこなかったことです。

ただし、その一方で、現場サイドでは、すでに九〇年代初頭のころより、自由で多様な発想によって、さまざまな刺激的な道徳授業が試みられ、授業実践という形で検証済です。この二十年以上にわたる現場での実践の蓄積が、今回の「特別の教科」化において、多大な役割を果たすと期待されます。道徳の特別の教科化において最も強く抱かれている「画一化」の懸念＝同じ教科書で、同じ価値を同じ方法で教え込む画一化が進むのではないか、という懸念を払拭するのに最も必要とされているのは、「多様な授業実践の実績」なのです。

◎新しい「道徳授業」はここが違う

①　多様な指導方法が用いられるようになる

道徳教育の指導方法をめぐっては、これまでも、例えば、道徳の時間において、読み物の登場人物の心情理解のみに偏った形式的な指導が行われる例があることなど、多くの課題が指摘されてきました。

文部科学省における道徳の時間の議論においても、これまで「読み物の登場人物の心情理解のみに偏った形式的な指導」が行われていたことや、「児童生徒に望ましいと思われるわかりきったことを言わせたり書かせたりする授業」(「いわゆるゲッシング・ゲーム＝推測ゲーム」)になっていたりすることがしばしばあった事実が指摘されています。そのうえで、これからの「特別の教科」道徳において、大きな役割を果たすであろう二つの点についても指摘されています。

一つは、道徳的行為にもかかわる「体験的な学習」の必要性（心理学的な「体験的な学習」の方法には、例えば、ロールプレイやエンカウンター、スキルトレーニングなどがあります）。

もう一つは、「問題解決的な学習」の重要性についてです。

道徳の時間に、道徳的行為について、児童生徒に特定の役割を与えて即興的に演技する役割演技（ロールプレイ）や、実生活の中でのコミュニケーションに係る具体的な学習（具体的には、エンカウンターやスキルトレーニングなど）を行うと、これまで地域の指導主事から「それは道徳ではない。特活だ」「生徒指導だ」などと、批判されることがしばしばありました。あるいは、「問題解決的な学習」を行うと「それは社会科だ」「総合学習だ」と言われることもありました。

しかし当然のことながら、道徳的行為と内面とは切り離せるものではありません。また、問題解決的な学習に真剣に取り組むことで、それにかかわる道徳的価値はおのずと深く学ばれていくのです。

②「いのち」「畏敬の念」「自己肯定感」が重視される

これからの道徳授業では、内容的に言えば、「生命＝いのち」の授業がすべての内容項目の基底をなすものとして、より重要視されるようになるでしょう。また、「畏敬の念」など、人間を超えたものとのかかわり、スピリチュアルな次元にふれる内容が、すべての価値を包含するような、より大きな次元の価値として重視されるようになるはずです。さらには、「自己肯定感」を高める授業の工夫もますます求められるようになるでしょう。

◎これからの道徳授業のめざすべき方向性

１章の最後に、これからの道徳授業がめざすべき方向性を要約して示しておきましょう。それは、以下のようなものです。

・パターン化された授業から脱皮して、多様な指導方法に開かれていく。
・大人でも「うーん」となるような、困難な道徳的な問題を取り上げ、子どもたちと教師が「本気で」問題解決を探究する授業に取り組む。
・エンカウンターやモラルスキル、ロールプレイなど心理学的な手法を使った「体験的な道徳学習」がより積極的に行われていく。
・「内面」にとどまらない「行為」の学習もしていく。
・「一時間一項目」という硬直した考えにとらわれない、ほかの教科や特別活動などをつなげた学習がなされていく。
・教科書だけにしばられず、自作資料などを積極的に使った授業をしていく。
・「いのち」の問題をとことん掘り下げていく授業をしていく。
・「畏敬の念」など、人間を超えたスピリチュアルな次元にまでふれる、魂が揺さぶられる授業をしていく。

・「自己肯定感」を高める授業をしていく。

・「心に響く」にとどまらない、「魂が打ち震える授業」をしていく。

本書では、では実際にどんな授業が有効なのか、その具体を示していきます。

第2章　年に一度は「魂に響く授業」を

私は、これまで『エンカウンターで道徳』『ほんもののエンカウンターで道徳授業』『道徳授業の新しいアプローチ10』（いずれも明治図書）などを執筆してきましたので、「心理学的な新しいアプローチによる道徳授業」を推進してきた人間とみなされがちです。一面ではたしかにそうですが、実際はそればかりではありません。『生と死を見つめる「いのち」の道徳授業』（明治図書）などの著書もあるように、道徳授業のもっとも重要なことは、「魂が打ち震える授業を」行うことだとつねに提言してきました。

「心に響く授業」では足りません。「魂が打ち震える授業」をしなくては、教師になった意味がないではないか……そう伝えてきました。

道徳授業の新しい方法の紹介に入る前に、私のこの持論を説明したいと思います。

◎年に一度でいい「魂が打ち震える授業」を

私は、これまで、全国のさまざまな地域の教育センターなどで、学校での道徳教育や、「道徳」の授業のつくり方に関する研修を担当させていただきました。その折に、いつも繰り返し伝えてきたことがあります。

それは、一言で言えば、一学期に一度でいい、いや、それが無理ならば、一年に一度でもいい。教師が自分のこれまでの人生を振り返って、あるいは、毎日の生活のなかで蓄積されてきた「これだけは、どうしても伝えておきたい」「このことだけは、子どもたちに、何が何でも伝えたい」と思うそのことを、自分の全存在をかけて伝える、そんな直球勝負の道徳授業をしてほしいということです。

私は、道徳授業のほんとうの醍醐味はここにあると思っています。いや、ここにしかない、と思っています。「人生で、ほんとうに大切なことは、これなんだ」――教師のそんな思いを、最もストレートに、かつ真剣に伝えることができるのが「道徳」の時間なのです。

考えてみてほしいのです。学校のさまざまな教育課程――各教科、道徳、「総合的学習」の時間、特別活動――これらのなかで、人間としての「生き方」を（間接的にではなく）「直接に」教えることができる唯一の時間、「生き方」を直接的に教えるために設けられている唯一の時間が、「道徳」の時間なのです。ほかの時間と「道徳」の時間の最も大きな違いはここにあります。

もちろん教科の学習を通しても、「総合」や特活の時間を通しても、「生き方」を教えることはできるでしょう。しかしそれはあくまで間接的な仕方においてです。

例えば国語の時間に国語の学習を通して、扱う教材の内容を通して子どもに「生き方」を教えることができます。人格形成に影響を与えることができます。その教材の内容が深く、感動的な内容であれば、子どもたちはいやでもそこから、「人生の大切なこと」を学んでいくでしょう。しかしそれはあくまで「間接的な仕方」においてであり、当然のことながら、国語の時間の目的は、あくまで国語の学習です。

他の教科でも事情は同様です。

もちろん、子どもの人格形成にとって、学校教育のどの時間も領域も、かけがえのない代替不可能な重要な意味を担っています。しかし、そうした学校教育のさまざまな領域のなかで、「道徳」の際立つ大きな特色は、それが唯一、子どもたちに「生き方」を直接教えることができる「明確な時間枠」を確保された時間だということです。子どもの人格形成にストレートに影響を与えることのできる学校教育のなかで唯一の明確な「時間枠」です。

その意味で、「道徳」が学校教育における「人格形成の中核」に位置するものであることは間違いありません。これは、子どもの人格形成に深く強くかかわっていきたいと願っている教師にとって、きわめて大きな意味をもっています。

◎「自分がほんとうに伝えたいこと」は何なのか——教師は自分に問うてみよう

道徳の時間は、「教師自身が問われる時間」です。何が問われるのでしょうか。

「自分が、子どもたちにほんとうに伝えたいことは何なのか」

「子どもたちに『これだけは伝えたい』と思える中身を、自分はもっているのか。そういう内容を、これまでの人生で自分は培ってきたのか」

「『人生で、ほんとうに大切なこと』は何であると、自分は思っているのか」

そのことが問われるのです。厳しい言い方になりますが、自分の中身が薄い教師には、内容の薄い道徳授業しかできません。自分に「伝えるべき中身」がないならば、何も伝わるはずがないのです。道徳の時間には、「教師が本気で伝えたいこと」しか、子どもたちに伝わりません。教師が「ほんとうに大切に思っていること」しか、子どもたちには、伝わらないのです。

子どもはごまかせません。道徳の時間に教師が伝えている内容を、教師自身がどれくらい本気で大切に思っているのかどうか、つねに感じ取っています。「やることになっているから、仕方なくやっている」授業は、「先生はお仕事だからやっているんだ」と見抜かれています。子どもはごまかしのきかない存在なのです。

まず、教師自身が、自分自身に問うことから始めましょう。何度も何度も、自分自身にこう問うてみましょう。

「自分が、子どもたちにほんとうに伝えたいことは何なのか」

「『人生で、ほんとうに大切なこと』は何であると、自分は思っているのか」

そう何度も何度も、自分自身に問い確かめてみましょう。自分自身に何度も問い確かめることで、自分が教師として、子どもたちに「ほんとうに伝えるべき中身」「人生で、これこそが、最も大切なことだ」と伝えたいこと、伝えるべきことは、何であるかを問うてほしいのです。

◎「子どもの魂が、打ち震える道徳授業」を

そして教師が「自分が人生でいちばん大切だと思っていること」「子どもたちに、これこそ伝えたい、伝えるべきだと思っている中身」が自分自身に明らかになってきたら、どの資料で、どのような指導方法で、どのような工夫を練れば、それを確実に子どもたちに伝えることがで

きるかを徹底的に考えましょう。

「指導案」は後でいいのです。そのような具体的な形にする前に、まず自分自身の中で、徹底的に考えぬきましょう。そして、何をどう使えばそれが子どもたちに伝わるかを、繰り返し繰り返し自問します。

「この読み物資料にどうしても、こだわりたい」

「この映像資料をどうしても見せたい」

「この新聞記事から、いま何がいちばん問題なのかを考えさせたい」

「この一枚の写真から、どのような現実が透けて見えるかを伝えたい」

いずれでも、かまいません。「資料」がなくてもいいのです。

「先生の小学校五年生のときの体験なんだけど……」

「先生が、中学生のときに教わった先生のことなんだけど……」

自分自身の体験を、ただ心を込めて語り伝えるだけでもいいのです。どうしても「この資料で思いを伝えたい」――そんな資料を心を込めて、ただゆっくりと読み聞かせ、そこで感じ取ったことを書かせたり話し合わせたりするだけでも、かまわないのです。

授業技術の問題ではないのです。教師が「ほんとうに伝えたいこと」「伝えるべき中身」を、心を込めて語り、伝えると、子どもたちの心は打ち震え始めるはずです。心に「響く」にとどまらない。魂が「打ち震え」始めるはずです。

「何だか、今日の先生は、違うぞ」

「今日の先生は、本気だな」

「なにか、よくわからないけど、今日の先生は、『人生で、ほんとうに大切なこと』を本気で伝えようとしている……」

そんな「余韻」の残る授業をしてほしいのです。そこには、「畏怖の感覚」が伴うはずです。扱った価値項目は、思いやりであっても、友情であっても、生命尊重であっても、家族愛であっても……教師が本気で伝えるべき内容を本気で伝えるとき、そこには、ルドルフ・オットーが「ヌミノース」と呼んだ「畏れ」の感覚が漂い始めます。

子どもたちのなかに、

「なんだか、よくわからないけど、今日の道徳では、とてつもなく大切なことを先生から聞いた」

「生きていくうえで『ほんとうに大切なこと』を教わった……」

そんな感覚が残るのが、ほんものの道徳授業です。そのとき子どもたちの内側には、「なんか……うまく言えないけど」すごく大切なこと、一生かけて大事にしていかなくてはならないことを教わった、という身体的な「暗黙知」が形成されます。

「今日、先生から伝えてもらった『ほんとうに大切なこと』を一生、胸に留めながら、これから人生で出会うさまざまな問題、世界のさまざまな問題に、一つずつ真剣にごまかさずに向かっていかなくてはならない」という「言葉にならない思い」が残ります。それは言わば、言語化以前の「暗黙の身体知」(the Implicit) の次元で、子どもたち一人一人のうちに形成されていく「答えなき問い」なのです。

◎生活のすべては、資料になる

読者の中には、このように思われた方もいるかもしれません。

「そんな、子どもたちの一生に影響を与えるような授業は、私にはできない」

「子どもの心が打ち震えるような授業なんて、私にはできない」

そんな方は、自分自身に問うてほしいのです。「私は何のために教師になったのか」と。教師はいやがおうでも子どもの一生に影響を与えずにはいられない仕事です。あなたはそんな仕事を選び取ったのです。

大丈夫です。きっと何か見つかります。あなたはすでに「教師」なのだから。「教師としての誇り」を取り戻しましょう。

「自分が、子どもたちにほんとうに伝えたいことは何なのか」

「『人生でほんとうに大切なこと』は何であると自分は思っているのか」

そう何度も自問しながら、その「大切なこと」を伝えることができる何かを血眼になって、探し続けましょう。新聞を読んでいるときは新聞を、小説や漫画を読んでいるときはその小説や漫画を、テレビを観ているときはその番組を、百円均一ショップにいるときはその店にあるすべての商品を、「これは教材にならないか」「これは資料にならないか」そんな目で見ていきましょう。生活のあらゆる場面に授業の「ネタ」や「道具」は転がっています。「あなたの生活そのものを教材研究化」するのです。

道徳授業で最も大切なことは、学期に一度、無理ならば年に一度でもいい、そんな「教師の本気」を伝える授業をすることです。エンカウンターを使ったり、モラル・スキル・トレーニングを使ったりして、授業方法の多様化を図ることももちろん有意義です。ワンパターンの授業は退屈ですから。しかしそれは技術論の話にすぎません。

あなたが教師として、子どもたちに「ほんとうに大切なこと」「人生で、いちばん大切だと思っていること」は何でしょうか。

それを本気で伝えるのが、「ほんものの道徳授業」です。

第3章　「授業のねらい」を明確に──授業構成の基本

よい道徳の授業を行うためには、当然ながら、基本的な「授業力」が求められます。とりわけ道徳の授業は、うまい先生と下手な先生の力量の差が大きいように思われます。教科と違って「心」という目に見えないものを対象とするからでしょう。

では、「授業」を構成するうえで何が必要でしょうか。ここでは、大事なことを六点あげておきたいと思います。

○授業構成力（その1）──「授業のねらい」を明確に設定する力

一つめは、「授業のねらいを明確にする力」です。「ねらい」というのは、何のためにこの授業をやるのか、どうやったらこの授業の目的が達成できたと言えるのか、その目安を示すものです。

例えば、道徳だったら、「友達を大切にする心情を育てる」とか、「友達と関係がうまくいっていないときに、どうすればいいのか判断する力を育てる」といった「その授業のねらい」が考えられます。「心情」を育てることをねらいとした授業と、「判断力」を育てることを意図した授業とでは、当然「ねらい」も異なってきます。

「友情」はその授業がかかわる「道徳的価値」ではありますが、それだけでは「この一時間の授業で何を達成することをねらっているのか」が不明瞭です。

授業の「目標」と「ねらい」は異なります。「ねらい」は、その一時間の授業で何が起きることをねらっているか、どのような変化が起きると想定しているのかを具体的に記さなくてはなりません。授業の成功不成功は「ねらい」を達成できたかどうかで決まるのです。

「ねらい」を達成できたら、その授業は成功。「ねらい」が達成できていなければ、その授業は不成功です。当たり前のことですが、このことが押さえられていない授業が多いのです。そして「ねらい」が不明瞭なまま授業をすると、当然のことながら、授業後に「ねらい」を達成できたかどうか、判断することもむずかしくなります。

何をねらっていて、何はねらっていないのか。授業者自身が意識していなければ授業の成功はありえません。当然のことです。

「子どもたちがこの授業で○○を感じたら、この授業は成功と言える」

「○○のようなことを考えたら、ねらいを達成したと言える」

「○○という思いに至ったら、この授業は成功と言える」
「ワークシートに○○といった記述がなされていたら、この授業は成功だ」
――こうした授業の「ねらい」を具体的に設定できること。まずこれが、授業構成力のひとつです。

特に道徳授業においては、「ねらい」が価値項目と混同されているケースがあまりにも多いです。そうすると「何をねらっているか」わからない焦点のぼけた授業になってしまいます。

「ねらい」は、その一時間の授業でめざす具体的な子どもの変化です。

「この授業時間中に子どもがどうなり、どんな発言や記述、行動をすることをねらっているのか」

それを示すのが「ねらい」です。これが不明瞭であると、何をねらっているのか本人にもわからない、不明瞭な授業になってしまいます。何をねらっているのかわからないのですから、当然ねらいを達成できたかどうかもわかりません。授業評価をすること自体が不可能になってしまいます。

○授業構成力（その2）――授業の展開を考える力

二つめは、「授業の展開を考える力」です。「授業の段取り力」と言ってもいいでしょう。授業には「導入」「展開」「終結」の三つの部分があります。この三つをどのように組み立てていくのか、それをどのように展開していくのか、構想する力を身につけることが必要になります。

○授業構成力（その3）――導入で子どもの心をつかむ力

三つめは、「導入場面で子どもの気持ちをぱっとつかむ力」です。

授業の名人といわれる先生は、導入が非常にうまいです。

ある先生は、授業の最初の場面で、子どもの姿が映った一枚の写真を見せて「これは何の写真でしょうか」と問いかけます。子どもたちからいろいろな意見が出されます。「迷子になっているから泣いている」とか「友達とトラブルを起こして困っている」「お母さんとどこかで離ればなれになってしまったから泣いている」など、じつにいろいろな意見が出ます。

パッと一枚の写真を見せるだけで、子どもの空想はさまざまにかき立てられます。――まずはこれで「つかみはＯＫ」です。そしてその後で、「実はこの写真の子どもは、戦争中の国の子どもなんだ」「その国では毎日○○人の子どもが死んでいるんだ」「いまも餓死している子どもが、世界で○○人いるんだ」といった具体的な数字を見せていきます。

このように、一枚の写真、それに関連する数字、あるいは映像や音楽などを使って、授業の導入の場面でパッと子どもたちの問題意識をわし掴みにします。「いったい、これは何なんだろう」と考えさせ、一人一人の子どものなかに「問い」を育てていくのです。

授業の導入場面での「つかみの力」が強いこと――これが、授業の名人がもつ授業構成力の一つです。

○授業構成力（その４）――発問力

授業構成力の四つめは「発問力」です。発問によってその授業の「ねらい」に迫っていくことができる力――これが「発問力」です。それぞれの授業には、「中心発問」があります。その中心発問が、その授業でねらいとしていることを子どもたちに深く考えさせるという意図を達成できるものになっているかどうかが問われます。

○授業構成力（その５）――「対話の場面設定」の力

授業構成力の五つめは、「子ども同士の対話の場面を設定する力」です。「子ども同士の対話の場面」を授業の中に設定することで、子どもが自分自身で考える力、とりわけ「グループの仲間と協力しつつ問題解決を導いていく力」を育てていくのです。

あらかじめ定まった一つの「正解」がある教師中心の授業では、こうした力は育ちません。子どもが中心となって――しかも協同で――つくりあげていく授業を構想する力が求められています。

なぜいまこの力が求められているかというと、現代世界が抱えているさまざまな問題――環境問題、人口問題など――は、一人で考えてたどりつくことのできる「正解」がない問題、しかし、にもかかわらず、答えをひねり出さなくてはならない問題だからです。こうした「正解」のないさまざまな問いを前にして、みんなで協力してそれにどう対応していくか、こうした「協同での問題解決能力」を育てていくことが求められているのです。

○授業構成力（その6）――アドリブ力――教師の実力が試される場面

六つめは、アドリブ力です。授業はしばしば、思わぬ展開を見せます。授業の「ねらい」とは必ずしも関係がないことを子どもたちはしばしば発言します。教師がもともと構想していた授業の流れとはあまり関係がないけれども、すごく刺激的で、ほかの子どもたちの意識も一瞬にしてそちらにもっていかれるような発言が出ることがあります。

こんなときどう出るかで、教師のほんとうの力量が問われます。力量のない先生であれば、子どもからどんなに興味深い発言が出ても、「あぁ、そうなんだね。ほかに意見がある人？」と言って、流してしまいます。子どもたちは、これまでの授業の流れを変えたインパクトのある発言に「うーん……」となって考えていたのに、「ここで先生は流すんだ」「先生は、自分が授業をもっていきたい方向とこの子の発言が違ったから、無視したんだ」「対応できるだけの懐の深さがないんだ」と、教師の力量のなさに気づいてしまいます。するとその先生の授業は、「本気で考える場」ではなく、「先生が答えてほしい発言を推測して、それを当てていく『推測ゲーム』」になってしまいます。

陳腐な授業に共通しているのは、先生の意図を子どもたちが推測し、教師の期待に子どもたちが応えていく演技をせざるをえなくなっていくところです。子どもたちはそうしたことに飽き飽きしているので、次第に授業から気持ちが逸れていきます。

逆に授業力のある先生は、最初「ねらっているもの」をもっていたとしても、それと視点の異なる意義深い発言が子どもたちから出されたら、「そうか、それは面白い。先生も考えていなかった……。みんな、もしいまの○○の考え方を取るとすると、この問題はどう考えられるかな」と、もともともっていた構想をぱっと捨てて、授業の流れを大きく変えることができます。

第4章　「畏敬の念」の道徳授業
――スピリチュアリティの道徳授業

　さまざまな道徳的価値のなかでもっとも超越的な価値であり、ほかの諸価値を基礎づける位置にあるのが、「畏敬の念」です。人間の深い精神性、スピリチュアリティに直接かかわる「畏敬の念」は、きわめて重要な位置にあるのです。

◎私は、絶えず、何ものかから見られている

　私は繰り返しこう申し上げてきました。

「畏敬の念こそ、あらゆる道徳的価値のなかでもっとも重要な価値です」と。

　悪いことをしたけど、誰にもばれていない。ラッキー。最近、怠けているけど、誰にも見られていないから怠けてしまえ。私たちは、ついこんな心の誘惑にそそのかされてしまいます。

　そんなとき、私たちは時折、人間を超えた大いなるものからのまなざしが自分に降り注がれて

いるのを感じます。

「私は、絶えず、何ものかから見られています。その何ものかは、よくわからないけれど、父や母や学校の先生よりも、はるかに大きくて、おそろしくて、こわいものです。そんな、とてつもなく大きく、こわく、おそろしい何かから、私はいつも見られています」

「たとえ誰にも見られていないように思えても、実は、人間を超えた向こうから、絶えず、私に視線が注がれています。だから私はどんなときでも、誠実に、一生懸命生きなくてはならないのです」

一言で言えば、生きることの「こわさ」の感覚。生きてあることに伴う、この「畏怖の感情」を子どもたちの心に育んでいかなくては、ほんとうの意味での道徳教育など不可能だ、と私は思っています。

もちろん、「人間を超えたもの」は、ただ、こわく、おそろしいだけではありません。それは時には、こんな感覚として、子どもたちの心に現れます。

「私の心は、人間を超えた大いなるものとつながっています。だから私は、どんなときも一人ぽっちではありません。たとえまわりの友達全員に裏切られても、私は決して一人ではないのです」

「私は、先生からも、親からも、友達からも見離されてしまいました。もう誰も、私に期待してくれる人なんて、いないのです。自分なんてもう何の価値もありません。いっそ、この世から消えていなくなればいいのだと思ってしまいます。……

そんなとき、夜空を見上げていると、どこからかこんな声が聞こえてきます。『私はあなたを見ています。あなたのことを見放してなんかいませんよ』……」

人生には、耐え難いほどつらい、困難な状況に出くわすことが何度もあります。そんなとき、それでもめげずに何とか私たちが生きていけるのは、このような感覚を漠然とであれ、感じることができるからではないでしょうか。

◎なぜ「畏敬の念」は、敬遠されるのか

しかし、「畏敬の念」は、現場の教師からは敬遠されがちでした。教師の側からみると、最も教えにくい内容項目のひとつでもあるようです。かつて、長いつきあいになる千葉の道徳授業づくり仲間の教師たちに、ある飲み会でたずねてみたことがあります。「どうしてみんな『畏敬の念』を敬遠するのだろうか」と。

返ってきた答えはこうでした。

「『畏敬の念』ほどむずかしい項目はありません。『畏敬の念』はみんな敬遠するんです」。

聞けば、むずかしいことの理由は、人間を超えたものという「見えないもの」を扱う点にありそうです。それはそうでしょう。見えないものは、扱いにくいものです。例えば、思いやりであれば友達の視点、家族愛であれば家族の誰かの視点に立てばいいでしょう。けれども「畏敬の念」はそうはいきません。だからむずかしい、と言うのです。

◎宗教とどう違うか――スピリチュアリティという観点

もうひとつ、「畏敬の念」を教えるのがむずかしい理由としてあげられるのが、どうしても宗教を連想させてしまうという点です。

私の考えはこうです。具体的な特定の宗教／宗派の教えや儀式を教えることは控えるべきです。けれども、さまざまな宗教的体験の「原点」であり「核」にある感覚は、同時にさまざまな道徳的価値を価値たらしめる根拠にもなっています。だから、その宗教の「核となる感覚」すなわち、「畏敬の念」は積極的に教えていくべきです。

実はいま先進国を中心に、世界中のさまざまな国で、特定の宗教を信じることはできないけれども、スピリチュアルな感覚を大切に生きていきたい、と考えている人が急増しています。特定の宗教に入るのはなんだか怖いし、おつきあいもたいへんそうだ。けれど、この世界を超えたところに、人智を超えた不可思議な働きが存在するようには思えるし、そんな感覚を大切に生きていきたい、と考える人が増えているのです。

そしてこの見えない世界とのつながりの感覚、スピリチュアルな感覚をもつことが、健康上大きな意義をもつことが認められ、もう二十年ほども前からＷＨＯ（世界保健機関）では、健康の定義に、スピリチュアルな次元も含むようにしようという動きがありました。

スピリチュアルとは、簡単に言えば、この見える世界の向こうに、人智をはるかに超えたすばらしい働き、私たち人間よりもはるかに大きく、こわく、恐ろしい、けれども愛と慈悲に満ちた不可思議な力が働いていて、それと私たち人間とは心の深いところでつながっている、という感覚です。

「畏敬の念」は、宗教を教えることにはなりません。そうではなく、スピリチュアルな感覚を育んでいくのです。

◎なぜ、「スピリチュアルな価値観」を育てることが必要なのか

ではなぜ、「スピリチュアルな価値観」を育てることが必要なのでしょうか。私は、次の三つをあげておきたいのです。

一つは、日本の子どもたちに気高い心、崇高な精神性を育ててほしいからです。道徳教育の根本は、言うまでもなく、「高い精神性」を育てていくことにあります。けれども、現実には、正面からこの道徳教育の根本課題に連続的にかかわっている授業をされている先生は、あまりおられません。スピリチュアリティ＝「高い精神性」という人格形成の根本課題に正面から取り組む必要があります。

二つめは、人間の道徳性は、その根源において「人間を超えたもの」とのつながり（スピリチュアリティ）において発達し成長していくものだからです。

私自身、まだ五歳だったころ……自分の道徳性が飛躍的に高まった経験をよく覚えています。夜、布団に入って寝ようとしていたときのこと、私はその日に幼稚園で行った「ある友達へのいじわる」を思い出していました。布団に入って天井を見つめていると、ふと、天井の板の「目」が、自分に問いかけてきているように感じたのです。

誰にも知られていなくても、誰にも気づかれていなくても、この世界には「自分を超えた、何か、目に見えないもの」があって、それが絶えず自分を見つめているような感覚を覚えたのです。

こわくなった私は、翌日、幼稚園の先生と友達に自分から謝罪をしにいきました。

それが何であるかはよくわからないけれど、「人間を超えた、見えない何か」（スピリチュアルな存在）が、自分のことを絶えず見つめている。誰にも知られていなくても、その「何か」はそのことを知っている……。こうした人生に対する「畏れ」の感覚、畏怖の念を育てることこそ、日常道徳、社会道徳に先だって、それを基礎づけているものではないでしょうか。

三つめは、子どもたちに「スピリチュアルな価値観や感覚」を育てることが、きわめてすぐれた「育てるカウンセリング」、「予防的カウンセリング」になるからです。不登校やいじめ、自殺などから子どもたちを守ることに役立つからです。

いま多くの子どもが、人生に漠然としたむなしさやさみしさ、空虚感を感じています。生きていることの手ごたえや実感を味わうことができず、生きることの意味や価値を実感できずにいます。それが「どうせ俺は……」「どうせ私は……」という自己肯定感の低下をもたらしています。

「スピリチュアルな価値観や感覚を育てる」ことは、

・「自分は一人ではないんだ」という感覚
・「自分はなにかとつながっているんだ」という感覚
・「自分が生まれてきたことには意味があるんだ」という感覚
・「自分にはこの人生で果たすべき大切な使命があるんだ」という感覚

を育てていきます。それはまた、自分自身の存在への無条件の肯定的感覚を育んでいきます。

それがひいては無気力や不登校、いじめ、自傷、自殺などの、問題行動の低下にもつながっていくのです。

◎霊能的なものへの警鐘

スピリチュアルな世界、「見えない世界」は、「見えない」世界であるがゆえの独特のナイーブさをもっています。「見えない世界」、すなわち言い換えると、本来は「語りえない」「知りえない」領域について、多くの人間が語れば語るほど、しかも、さも見えるかのように、物体を語るのと同じような仕方で語れば語るほど、「見えない世界」の格下げ、価値下落が遂行されてしまいます。

分析哲学のカリスマとして、いまでも強い支持を受けているヴィトゲンシュタインは、神といった見えない世界、本来、知りえず、語りえない世界については、だからこそ「沈黙しなくてはならない」と言いました。しかしそれゆえに、宗教哲学者から大いなる支持を得たのです。

なぜか。

それは、例えば禅で不立文字《ふりゅうもんじ》と言って、悟りの体験は言語を絶した体験であることを強調するように、また、カール・バルトをはじめとする弁証法神学において「神の絶対的超越性」

を強調して、神は人間にはどこまでいっても接近不可能な存在であることを強調するように、超越的な領域は、人間によって安易な仕方で語られることを拒むことによって、その絶対的な超越性を保つことができるからです。すなわち、それによって、超越的存在が、人間の力をはるかに超え出た、畏れ、敬うべき存在であることがまた同時に際立ってくるのです。

「語りえないものについては、沈黙しなくてはならない」――この感覚を、スピリチュアリティの領域にかかわる人は失ってはならないと思います。

特に道徳教育における「畏敬の念」の指導にあたって、本来人間には知りえず見えないものをあたかも実際に見えるかのような例を引いて指導することは（具体的には、霊魂などの実在を前提にしたような授業を行うことは）、絶対に慎まなくてはなりません。

◎ヌミノース――畏れの感情

心理学やカウンセリングを学んだ人が「畏敬の念」と聞いて即座に思い浮かべるものに、ルドルフ・オットーが使った「ヌミノース」という言葉があります。

ユング派の心理学者が好んで使う言葉で、私たちの心深くに潜んでいる元型的イメージ――人類すべてが共有するような普遍的なイメージのパターンが個人的無意識のさらに奥深く、集合的無意識の層に宿っており、それは神話、伝説、おとぎ話などに見られ、そうした形で太古から継承されるとユングは考えていました――に遭遇したときに、私たちが味わう戦慄や畏れといった、魂が根底から揺さぶられるような情緒的体験をオットーはヌミノースと呼んだのです。

わかりやすく言えば、こういうことです。すばらしい芸術作品――絵画、映画、小説、詩、音楽など――に出会ったとき、私たちの魂は打ち震えます。圧倒的な自然の美しさに出会うとき、私たちは言葉を失い、ただその美の前でただたずむことしかできなくなります。

そればかりではありません。何かにとりつかれたように、仕事や学問や芸術作品の創作などに取り組む人間に出会うとき、私たちは、その人のからだ全体から発せられる圧倒的なオーラのようなものを感じて近づきがたい感じを覚えるものです。この、言葉を失う圧倒的な戦慄や畏れの感情がヌミノースと呼ばれるものです。

「畏敬の念」の指導が成功したならば、まさにこの圧倒的な、魂が打ち震えるようなヌミノースの感情を子どもたちにもたらすはずです。

◎すべての価値に重みを与えるもの

「畏敬の念」は、ほかの道徳的価値にその価値としての重みを与えるものです。友情、思いやり、信頼、誠実、郷土愛、個性伸長――これらはすべて、人間社会のさまざまな営みの中で価値づけられる価値であり、その意味で内在的な価値です。一方、「畏敬の念」は、こうした道徳的価値のなかで唯一、人間社会の営みを超え出た価値、その意味で超越的な価値です。内在的な価値を水平方向での広がりをもつ価値であるとすれば、「畏敬の念」は、垂直の次元でこれらの価値を価値づけする働きをもつ、といってもいいでしょう。

かつて「なぜ人を殺してはいけないのか」という問題が、さかんに議論されたことがあります。ある殺人事件を犯した少年が、「人を殺してみたかった」ともらしたのがきっかけでした。「私たち大人は、はたして、人を殺してはいけない理由を説得的にこの少年に語ることができるかどうか」が、さまざまな場面で議論されました。

残念ながら、そこで出された答えの多くは、あまり説得力のあるものではありませんでした。そして何人かの、純粋に哲学的な議論を突き詰めていった哲学者はこう語ったのでした。「少なくとも、哲学的には、人を殺してはいけない理由は無い」と。

なぜ、人を殺してはいけないのか。

この問いには、「いけないから、いけないのだ」としか答えられないところがあります。人を殺してはならないことに、論理的な理由は存在しません。

人を殺してはいけないのは、あえて言えば「取り返しがつかないこと」だからです。ゲームでキャラクターが死んでも、リセットすれば生き返ってくる。けれども、人間の命はそうはいかない。命は、「取り返しがつかない」から何よりも尊いのです。

ではなぜ「取り返しのつかない」ことをしてはいけないのか。

ここではもはや論理的な理由づけは無力となり、超越的な基礎づけが必要とされます。いのちという価値の無条件の重要さを支えるのは、いのちのかけがえのなさと、そして、かけがえのないいのちの故郷である「人間を超えた大いなるもの」への「畏敬の念」なのです。

◎「畏敬の念」をどう指導するか

「畏敬の念」を学校における道徳授業においてどう教えるか。このむずかしい課題について、いくつかのポイントをあげておきましょう。

①　体験とその振り返り

まず取り上げるべきは、体験とその内省的な振り返りです。大自然の美にふれる。きらめく夜空の星を眺め、宇宙の神秘を感じる。心が打ち震えるような音楽に耳を傾ける。こうした圧倒的な体験のあとで、それを内面に響かせ振り返らせるのです。動物の飼育や植物栽培、といった、日常的な活動のほんの一コマでもかまいません。

あるいは、歩きなれたいつもの町を歩いていたら、ふと何気なく咲いているアサガオの花が目にとまった。そこで気になってそのアサガオを眺めていたら、大切なことに気づかされ、涙があふれてとまらなくなった……。このような、誰もが日常で体験しているであろうふとした出来事を扱ってもかまいません。神秘は、日常にこそ宿るのです。

大切なことは、体験をそのまま放置せず、振り返らせ、言語化させ、他者と分かち合わせることです。言語化され、他者と分かち合われた体験でなくては、人間の生きる支えとはなりがたいのです。

道徳授業そのもののなかに体験的な学習の要素を取り入れることも重要です。例えば川のせせらぎの音や、虫の鳴く声を録音しておいて、授業の導入で子どもたちに目をつむらせて、その音を聴かせます。あるいは、自分が乳幼児期の子どもだったときのサイズと同じ大きさの人形を作り、それを背負って一日生活してみます。こんなちょっとした工夫で、リアルな体験的な道徳授業が可能となります。

「人間を超えたもの」は、「言葉を超えたもの」です。それをリアルに伝えるためには、イメージ、体感、肌触りなど……言葉を超えた方法が必要となります。

②　イメージの活用

「畏敬の念」にもっともかかわりの深い心理学は、ユング心理学とトランスパーソナル心理学です。両者に共通するのはイメージを重要視する点です。

「畏敬の念」の授業においてはサイコシンセシス、プロセスワークなどのトランスパーソナル心理学の技法にもとづき、深いイメージ誘導のワークなどを活用すると有効でしょう。

とりわけ、プロセスワークで用いる「立脚点の変更」の技法を授業に取り入れましょう。視点（立脚点）を「自分」から「大いなるもの」「私を見つめているもの」のほうに移し、「大いなるもの」の視点からいまの自分にメッセージを送る、といった技法は「畏敬の念」を教えるうえできわめて有効です。

同様に、スピリチュアルな視点を重要視するホリスティック教育の実践例などもおおいに参考になるでしょう。

③　発問の工夫

「畏敬の念」のすぐれた授業をいくつか拝見しながら気づいたことがあります。それは、「畏敬の念」の授業では、発問が「受身形」でなされることが少なくない、ということです。普通、資料についての発問は、次のような形でなされることが多いものです。

「〇〇さんは、〇〇のとき、なぜ〇〇のような気持ちになったのでしょうか」

いわば、登場人物の「気持ち」を問う発問です。しかし、考えてみれば当然のことですが、人が圧倒的な「畏敬の念」に包まれるような体験をするとき、それは徹底的に「受動的な体験」です。したがって発問も、

「何が〇〇を〇〇な気持ちにしたのでしょう」

「何によって〇〇は〇〇ということに気づかされたのでしょう」

「〇〇はこのとき、自分にどんな使命や役割が与えられていると感じたのでしょうか」

「畏敬の念」に包まれているとき、人は「自分が生きている」とは感じません。「自分は生かされている」「いのちが与えられている」と感じます。「畏敬の念」の体験の本質である「体験の受動性」を深く受け止めるならば、おのずと、「畏敬の念」の道徳授業で用いられる発問にも、受身形の発問が多くなるはずです。

④　圧倒的な迫力と魅力を備えた資料の開発

圧倒的な迫力と魅力を備えた資料の開発――なんといっても、これが最重要の課題でしょう。「畏敬の念」のいい資料は少ない、と多くの教師は嘆きます。しかし、その資料をただ読むだけで「人間を超えたものからのまなざし」をリアルに感じることができ、身がすくむ思いがするような圧倒的な魅力、迫力、こわさを備えもった資料がなんとしても必要です。

そんな力強いインパクトのある資料が開発されれば、教師が心を込めて資料を読み聞かせるだけで、「畏敬の念」の種が子どもたちの心に育っていくはずです。「畏敬の念」の指導は、ストレートでシンプル、力強いのが一番だと私は思っています。

第5章　生と死を超える「いのち」の道徳授業（より深い「生命尊重」の授業）

「いのち」は、さまざまな価値のなかでもっとも重要な位置づけを与えられています。しかし、これまでの「いのち」の授業を拝見していて、私はどこか物足りなさを感じずにはいられませんでした。どこか、ズシン、とくる重さが感じとれなかったのです。

それはなぜだろう――そう考えてさまざまな授業を見直したとき、多くの授業で扱う生命がまだ「生物学的な生命」にとどまっていて、「いのち」としばしば表現される「人間特有の生命」の深さにまでたどり着いていないからではないか、と考えました。

人間の「いのち」は、死んだら終わりではありません。死者の存在を私たちは感じることがあります。それは、たとえ肉体的には亡くなっても、その人の「いのち」の存在を感じるからでしょう。いわゆる目に見えない次元、スピリチュアルな次元にまで「いのち」は通じています。

「いのち」は、また、人間だけのものではありません。肉体的な生死にとどまらない深さをもつ「いのち」に思いを馳せるとき、それは、永遠に生死を繰り返す「大自然のいのち」とも通じるものがあります。それはさらには、この宇宙全体にあまねく働いているエネルギーそのものにまで広がっていきます。このとき、「いのち」は、「人間をはるかに超えたもの」となって、畏怖の念の対象となります。

扱う必要があるのは、深さと重みと広がりをもった「いのち」です。ズシリと重い感じがする「いのち」です。そしてこの目的のためには、「生」だけではなく、「死」を正面から見つめる、という要素を欠くことができないのです。

◎生と死を包み込む「いのち」のはたらき

「生」と「いのち」を同じものと考えられる方もいるかもしれません。生物としての「生命」と考えるならば、両者に違いは生じないでしょう。けれどそうであれば、わざわざ「生」「いのち」と異なる表現を使ったりはしません。

前者の「生」は、生物としての生命をさしています。それは、もちろん、死んだらなくなってしまうものです。「死」は「生」の終わりを意味します。

では、後者の「いのち」とは何を意味するのか。それは、「生と死を超えるいのち」です。

生をも死をも包み込み、その根源に働いている「いのち」のはたらきそのものです。

一人の人間が死ぬと、ここで個体としての生命は奪われます。けれども、その後も、「いのちのはたらき」は存在し続けます。そしてその個体が誕生するずっと前から、絶えず「いのちのはたらき」は存在していたのです。どんな人も、いつかは、死にます。では死んだら、その人が存在したことは無意味になるのでしょうか。ならない、と私は思います。

なぜでしょうか。いろいろな答えがあるでしょう。例えば、その人が死んでも、周囲の人の思い出の中でその人は生き続けます。だから死んでも人生が無意味になるわけではない、と考える人もいるでしょう。けれども、何百年か経てば、その人のことを知っている人も全員、死んでしまうはずです。すると、やはりその人の人生は結局無意味なのでしょうか。

そうではない、と私は思います。なぜか。究極的には、何百年経っても「いのち」ははたらき続けるからです。私は、「生命尊重」の教育は、一人一人の人間の生命にとどまらず、この、何百年、いや、何万年経っても滅びない「いのちのはたらき」それ自体の教育にまで深めていくべきだ、と思います。

一人一人の人間の生命、これはもちろん、無限に尊いものです。ではなぜ、ほんの数十年しか生きられない、個人の生命が尊いのでしょうか？　ほんの数十年で死んでしまうのにもかかわらず、一生懸命生きた生命のほうが、適当にだらだらと生きる生命よりもすばらしいと言えるのでしょうか。

それは、個人の生命が、無限なる「いのち」のはたらきそれ自体の発現にほかならないからです。何かに無我夢中で取り組んだとき……「あぁ、もう限界だ、もうだめだ」と何度も思いつつ、それでもなんとかがんばりぬいて限界を突破して、なにかをなしとげたとき……私たちは、自分の「いのち」がフルに働いているのを感じるでしょう。いのちが輝いているのを感じるでしょう。

そしてそのとき、同時に、自分のいのちが、この世界全体に働いている「大いなるいのち」と貫いて一つであるという感じをもつのではないでしょうか。「自分」を突き抜けて、何かと通じた、という感じをもつのではないでしょうか。

それは、私たちのいのちが、この無限かつ永遠のいのちを分け与えられたものにほかならないからです。

◎有限なる「生」と無限の「いのち」

さらに考えてみましょう。うまくいけば数万年後、下手をすると数百年後に、地球上から人類は消滅するでしょう。ハルマゲドン、などという恐ろしいことを言おうとしているのではありません。どのような生物であれ、その終わりは存在するのですから、いつしか人類も消滅するという当たり前のことを言っているだけです。

さらに言えば、地球上からあらゆる生命体が存在しなくなるときも、いつか来るでしょう。それでは人類が存在したことも、この私がいま生きていることも、無意味になってしまうのでしょうか。そうではない、と私は思います。それは、「いのちの働き」そのものは、働き続けるからです。

ずいぶん極端なことをいろいろ考えたのだな、と思われたかもしれません。実は、私は、この問題（人生に意味はあるか、あるとすれば何か、という問題）に、中学生から高校生、大学生にかけてほんとうに悩み苦しみぬいてきました。いくら考えても答えが出ないので、何度か、ほんとうに死のうと思ったほどです（くわしくは『人生に意味はあるか』講談社現代新書をお読みください）。

つきつめて考えると、この「いのちの働き」そのものは、「宇宙全体に働いているエネルギー」とイコールということになるでしょう。それは人類が滅亡しようと、地球がなくなろうと、働き続けるものです。いのちとは、エネルギーのことなのです。

だらだら生きるより、一生懸命生きるほうが「正しいこと」だと私たちは誰から教わらなくても直感的に知っています。それは、そのとき、私たちが自分のいのちの働きが、この無限かつ永遠のいのちの働きと通じ合ったように感じるからでしょう。

◎いのちが、私している

私が生きている、とは、どういうことか。この問題を、先にお話したような「いのち」観に立って考え直してみることにしましょう。

私が生きている、とは、「私がいのちをもっている」ということではありません。ほんとうに存在し、また生きているのは、私とか、あなたとかといった区別を超えており、また私とかあなたといった個々の形に分かれる以前の、おおいなる「いのちの働き」そのものです。この「おおいなるいのちの働き」そのものがまずあって、その「いのちの働きが、私をしている」のです。

同じ「おおいなるいのちの働き」が、あちらでは「花」という形、こちらでは「草木」という形、あそこでは「鳥」という形をとっている。そしてその同じ「いのちの働き」が、いま・ここでは「私」という形をとっているのです。

この空も、あの海も、いま、私の眼前にあるあの山も、向こうから聞こえてくる鳥の鳴き声も、野原でひっそりと咲いている花も、そしてもちろんこの私も、すべてはもともと一つ。同じ「いのちの働き」の異なった形なのです。つまり、もともとは同じ、一つの「いのちの働き」が、あるときは「私という形」をとり、またあるときは「花という形」をとっているのです。

私の肉体は死によって消えてしまうけれど、私を私たらしめている「いのちの働き」はもともとあって、また、いつまでもある。不生不滅《ふしょうふめつ》の「いのち」が、あるときは「私する」し、あるときは「花する」。またあるときは「鳥する」。次々と変転万化し、異なる形をとっていく。そんなふうに見ることができます。

私という存在の本質は、あらゆるほかの存在たちと、もともと同じ、ひとつの「いのちの働き」を分け合っているところにあるのです。「いのち分け合いしもの」――そこに人間存在の本質があるのです。自分という存在が本来、「いのち」のとった一つの形であることに目覚めて生きること、ここにこそ、人間の真実の生き方があるのではないでしょうか。

◎「死」のリアルな体験が、無限なる「いのちの働き」にふれさせてくれる

道徳の授業で、読み物資料やビデオ教材などを通して、死というものをリアルに実感することにはどんな意味があるのでしょうか。それは、そうすることで子どもたちがわずかな程度で

あれ、死を自分のこととして引き受け始めることにあるのではないでしょうか。

「死」を見つめさせることで、「生」を見つめさせることになる、とよく言われます。たしかにそうでしょう。「死」を見つめることは、「生の有限性」を際立たせるからです。「死」は自分が引き受けるしかないということを――ハイデッガーも言うように、死は、交換したり、追い越したりできないものであるということを――リアルに実感することで、生きていることの「かけがえのなさ」を実感することができるのです。だからこそ、一瞬一瞬を大切に生きよう、という気持ちがわいてくるのです。

これはもちろん、大切なことです。しかしそれで十分ではありません。「死」をリアルに見つめることで、私たちはその「向こうにあるもの」、すなわち、生と死を包み込み、生とか死といった出来事そのものを成り立たせている無限の「いのち」にふれることができるのです。「死」の反面としての「生」、私が生きている、私はいのちをもっているという「生物としての生命」ではなく――そのような意味での「生」も「死」も超え、「生」も「死」をも包み込み、「生」とか「死」といった出来事そのものを成り立たしめている「いのちの働き」そのもの――この「いのちの働き」にふれる機会を、「死」をリアルに見つめる体験は与えてくれるのではないでしょうか。

道徳授業で、「死」と「生」を見つめることのほんとうの意義は、ここにあるのだと私は思います。つまり、単に生きていることのはかなさ、かけがえのなさを学ばせることにあるのではなく、生と死を超え、生や死といった現象そのものを成り立たしめている「いのちの働き」そのものにふれることにあるのです。

第６章　ほんものの「自己肯定感」を育てる道徳授業

◎いま、自己肯定感がテーマ

学校教育のさまざまな分野において「自己肯定感」を育てることの必要性が指摘されています。

なぜいま、「自己肯定感」がこれほど注目されているのでしょうか。

その一つの原因は、「子どもたちの見せる姿の変化」にあると思います。

キレル子ども。我慢できない子ども。集中できない子ども。粘り強さのない子ども。不登校の子。いじめる子。いじめられる子。

こうした子どもたちの心の問題に共通しているのが、「自己肯定感」の低さだからです。

「自己肯定感」の低い子は、いざというとき、ふんばることができません。

「自己肯定感」の低い子は、いざというとき、エネルギーを出すことができません。したがって、「自己肯定感」の有無は、子どもたちの生活面のさまざまな問題に影響を及ぼします。もちろん、学力にも多大な影響を及ぼします。

だからこそいま、「自己肯定感」の育成が求められているのです。

読者のなかには、「自己肯定感」とともに、「自尊感情（セルフエスティーム）」という言葉を連想する方もおられるでしょう。「自尊感情」は、「自己肯定感の一つの側面」、認知的側面です。

学校でよく行われているアンケート調査に、「自分にはいいところがある」「自分は自分のことが好きだ」といった項目があります。この「自分にはいいところがある」「自分は自分のことが好きだ」といった「自己認識」が「自尊感情」です。認知的な側面だからこそ、アンケート調査で調べることができるのです。

「自己肯定感」は、こうした認知的側面（自尊感情）に加え、他者や社会とのつながりの側面（自己有用感）なども含み、さらにより広く、そしてより深い、実存的な次元にまで及ぶ全人格的な概念です。

例えば、次のような声をあげる子どもたちがいます。

「私は自分のことを好きになれません。いいところなんて、ひとつもないし……」

「こんなぼくなんて、いてもいなくても同じだ」

そうした「心の闇」や「暗い衝動」までも、自分の大切な一部として受け止めていく。それが「ほんものの自己肯定感」です。

この「ほんものの自己肯定感」を育てることが求められているのです。

◎「ほんものの自己肯定感」とは？

最近、「自己肯定感」のバーゲンセールとでも言いたくなるような状態が散見されます。しかし「自己肯定感」というのは、そんなに簡単に手に入るものではありません。一回や二回、「この授業をやったから自己肯定感が育った」「エンカウンターのこのエクササイズをやったから自己肯定感が育った」と言えるような、簡単な代物ではないのです。にもかかわらず、ここ数年、学校教育のさまざまな分野、さまざまな領域で「自己肯定感」のオンパレード……。

十五年ほど前に、『自分を好きになる子を育てる先生』（図書文化）という、子どもの自己肯定感の問題に正面から迫った本を書いていた私は、この現象を少し複雑な思いで見てきました。そう簡単に使っていい言葉ではないように思われたからです。

◎「浅い自己肯定感」と「深い自己肯定感」

「自己肯定感」について考えるときに重要なのは、

① 一言で「自己肯定感」と言っても、その「深さ」のレベルはさまざまであること。比較的「浅い自己肯定感」と、比較的「深い自己肯定感」があるということ

② いま、ご自分が授業などで子どもたちに育てようとしている「自己肯定感」は、「どのレベルの自己肯定感」なのか、はっきりと意識して理解していること

この二点です。

では、比較的「浅い自己肯定感」と、比較的「深い自己肯定感」には、どのような違いがあるのか。図1をご覧ください。［文献⑭　小学校編の10ページ］

「自己肯定感」の表層に位置しているのが、「比較的浅い自己肯定感」です。これは「自分にはいいところがあるという気持ち」「自分で自分のいいところを知っている、という気持ち」です。

エンカウンターのエクササイズで「私には、こんないいところがある」と「自分のいいとこ探し」や「がんばり見つけ」をしたり、グループの友達同士で表面的な「いいとこ探し」や

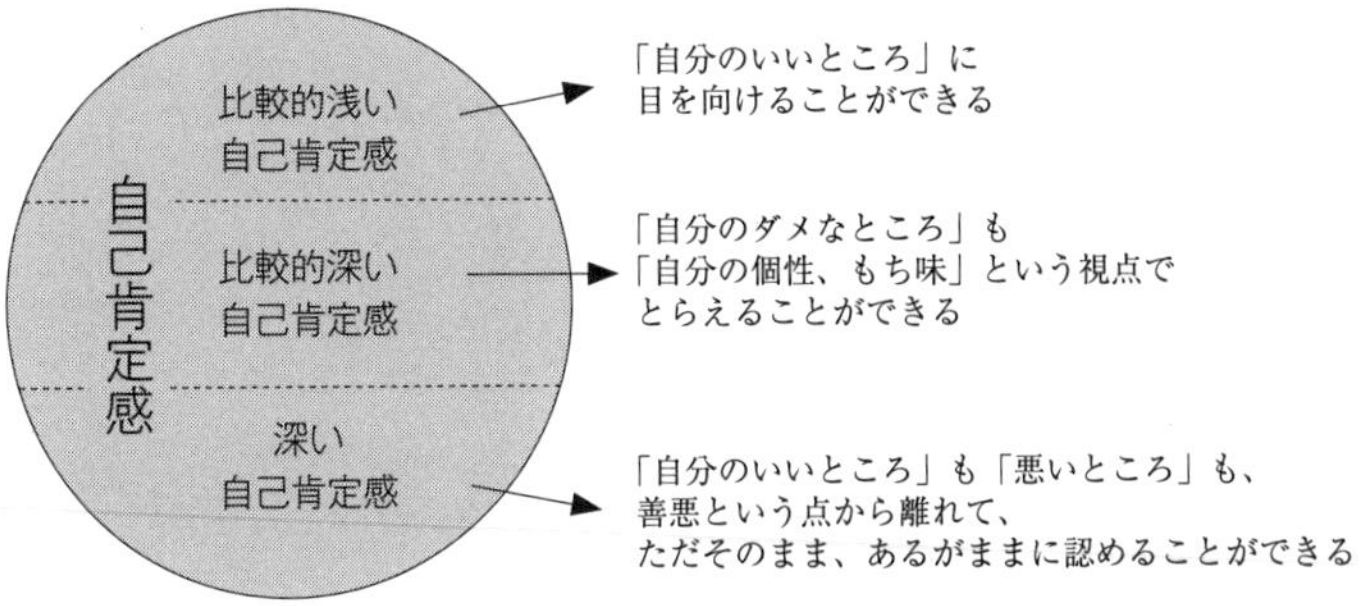

図1　「浅い自己肯定感」と「深い自己肯定感」

「がんばり見つけ」をすることで育てることができるのは、このレベルの自己肯定感です。子どもたちのアンケート調査で測ることができるのは、この比較的「浅いレベルの自己肯定感」です。

　このレベルの自己肯定感は、あくまでも「自分では、自分のことをこう思っている」という「自己認知のレベルでの自己肯定感」で、だからこそアンケート調査で測ることができるのです。

　例えば、こんな子どもを思い浮かべてみましょう。

「僕はこんなことができるんだ。みんなにはできないこんなこともできるんだ。僕にはこんなにいいところ、すごいところがあるんだ……」と周囲の友達にいつも言っています。けれど、自己主張ばかり強くて、なかなか友達とうまくやっていくことができない。そして何か都合が悪いことがあると、「お前はこうじゃないか！」とすぐに友達を攻撃する。否定する。けれど攻撃された友達が「そういうけど、○○君だって、こういうところがあるじゃないか」と反撃してくると、すぐにパニックになって泣き叫んだり、物を壊したりし始める……。

最近増えているこうした「自己主張は強いけれど、耐性が低く、すぐにキレて他者を攻撃していく子ども」を思い浮かべてみましょう。こうした子どもにアンケートをとったとします。こうした子どもたちは気分の波が大きいので、質問紙を配布されたタイミングが、調子がいいときであれば「自分にはいいところがある」し、「自分で自分のいいところを知っている」し、「自分は自分のことを好きだ」と答えることもあるでしょう。

ここに「自己肯定感アンケート」や「自尊感情尺度」といった質問紙調査（アンケート調査）の限界があります。アンケート調査で知ることができるのは、子どもたちが「自分では、自分のことをどう思っているか」という「自己認知のレベルでの自己肯定感の有無」でしかないからです。

多くの研究指定校や、研修に出られた先生方が「データによる検証が必要」ということで、「自己肯定感アンケート」や「自尊感情尺度」といった質問紙調査を行いますが、その結果に一喜一憂しすぎるのも考えものです。

大切なのは、アンケートの結果が「何を意味しているか」を「読み取っていくこと」（解釈）です。

例えば、クラスの雰囲気が悪いときにアンケート調査を行うと、子どもたちは先生の機嫌を損ねないように「教師用の、模範的な答え」をしがちです。点数も高く出ることがあります。しかし、クラスの雰囲気がよくなり、「何でも言っていい」「このクラスでは何を言っても馬鹿にされたりしない」という安心感が育まれていくと、「本音の回答」が多くなって、かえって全体の点数が下がるということも、実際によくある現象です。

次にいきましょう。

図1の、真ん中あたりに位置しているのが「比較的深い自己肯定感」です。これは「自分では、だめなところ、欠点だと思っていたところも、違った視点から見ると、いいところになる、と気づく気持ち」です。「自分のだめなところ、欠点」→「実は、自分のいいところ、よさ、もち味」という「視点の転換」が起きることによって生じる自己肯定感です。

エンカウンターのエクササイズで言うと、「見方を変えれば、短所も長所に変わる（リフレーミング）」などで生まれてくる気持ちです。

このレベルの自己肯定感になると、かなり凝った工夫をしないと、アンケート調査では測ることがむずかしくなります。

そして、図1のいちばん下に位置しているのが「深い自己肯定感」です。これこそ、自分の「心の闇」や「暗い衝動」までも、自分の大切な一部として受け止めていくことができる、そうした「ほんものの自己肯定感」です。

人間の内面には、自分ではどうしようもない「醜いところ、汚いところ」が存在します。

人の上に立ちたいという気持ち。

自分よりも秀でている人を妬んでしまう気持ち。

人の不幸を聞くと、ホッとする気持ち……。

もちろん、こうした醜い気持ちから自由になることができれば、それは素晴らしいことです。しかし、どんなに大人になっても、人間が人間である以上、こうした醜い気持ちや汚い気持ち、自分の「心の闇」や「暗い衝動」……。そうした心の動きは、どうしようもなく生まれてくるものです。「悟り」でも開くことができなければ、こうした心の動きから解放されることはないでしょう。

生身の普通の人間にできることは、こうした醜い気持ちや汚い気持ち、自分の「心の闇」や「暗い衝動」を「なくす」ことではありません。そうした醜い気持ちや汚い気持ち、自分の「心の闇」や「暗い衝動」の存在を、ただそのまま、あるがままに認め、「そうした汚い気持ち、醜い気持ちもこの私にはあるけれど、そんな私でも、存在していいんだ」という「深い自己受容」でしょう。

「自分のいいところ」も「悪いところ」も、ただそのまま、あるがままに認めていくという「深い自己肯定」。そこには、「善悪という物差し」から離れた、「自分自身への赦しの感覚」が必要になります。ほんものの自己肯定、「何があっても大丈夫」という無条件の絶対的な自己肯定とは、このように善悪を超えた次元ではじめて成り立ちうるものです。

そしてこうした「深い自己肯定感」を育てるには、日常の人間関係の水準を超えて、超越的な視点をもつことが必要になってきます。「大いなるいのちとのつながりの感覚」や「人間を超えたものへの畏敬の念」の育成が不可欠になってきます。

エンカウンターのエクササイズで言うと、トランスパーソナル心理学やプロセスワーク、ホリスティック教育など、スピリチュアルな観点を含んだ心理学の活用が必要になってきます。「より大きな自己」や「大いなるいのち」の観点から自分自身を見つめ直すような、そんなエクササイズが必要になってきます。自分を離れた視点から、自分自身を見つめ返す、という「脱同一化」の視点が必要になるのです。

例えば、自分をいつも遠くから「見守ってくれているもの」（例：夜空の星、月、庭の大きな木、ふるさとの山、いつも涙をぬぐってくれた枕やぬいぐるみなど……）の視点に立って、自分自身を見つめ返すような内容を含んだエクササイズであることが必要になるのです。

◎「自己肯定感」と類似のさまざまな概念――「自尊感情」「自己有用感」「自己効力感」など

最後に、「自己肯定感」と類似したさまざまな概念と「自己肯定感」の関係を見ておきましょう。研修会などで、質問を受けることも多いからです。

図2をご覧ください。［文献⑳　37ページ］

「自己肯定感（自尊感情）」といったように「自己肯定感」と「自尊感情」を併記して同じ意味で用いている方や学校も多いようです。それでも特にかまわないと思いますが、私は「自尊感情（セルフエスティーム）」を、「自己肯定感の認知的な側面」であるととらえています。「自分のよさを自分で評価し、自分の価値を自分で認識することができる」。それが「自尊感情」です。

なぜならば、セルフエスティーム（self-esteem）は、心理学の統計調査をもとにした量的研究のなかで生まれてきた概念であり、自分自身に対する肯定的な「評価」という側面が強いからです。このセルフエスティームを訳したのが「自尊感情」です。「自尊感情」は、自分自身に対する肯定的な「評価」という認知的な側面が強い概念です。「自分で自分のことをどう思っているか」という「自己認知のレベルでの自己肯定感」＝「自己肯定感の認知的側面」です。

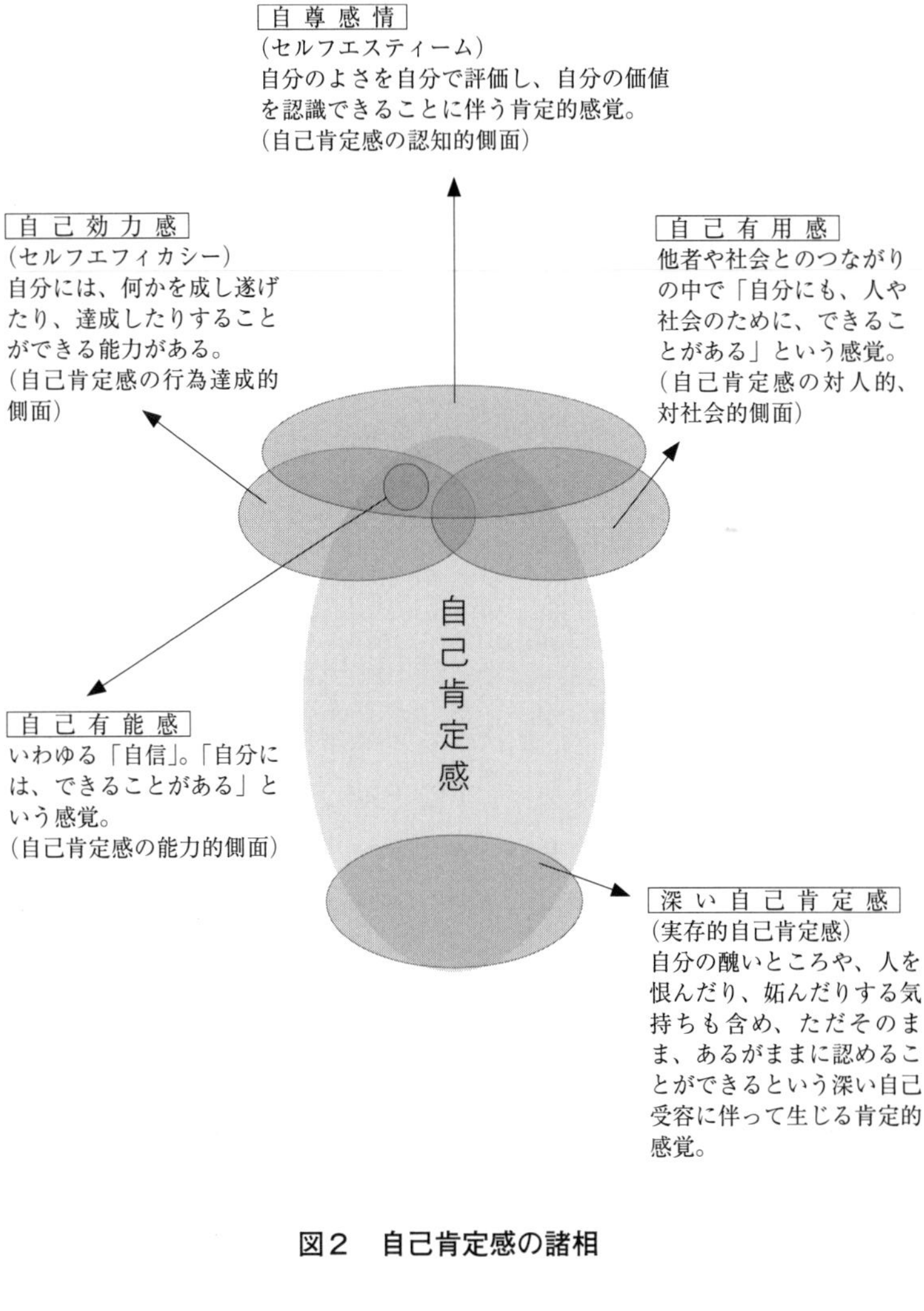
自尊感情
（セルフエスティーム）
自分のよさを自分で評価し、自分の価値を認識できることに伴う肯定的感覚。
（自己肯定感の認知的側面）
自己効力感
（セルフエフィカシー）
自分には、何かを成し遂げたり、達成したりすることができる能力がある。
（自己肯定感の行為達成的側面）
自己有用感
他者や社会とのつながりの中で「自分にも、人や社会のために、できることがある」という感覚。
（自己肯定感の対人的、対社会的側面）
自己肯定感
自己有能感
いわゆる「自信」。「自分には、できることがある」という感覚。
（自己肯定感の能力的側面）
深い自己肯定感
（実存的自己肯定感）
自分の醜いところや、人を恨んだり、妬んだりする気持ちも含め、ただそのまま、あるがままに認めることができるという深い自己受容に伴って生じる肯定的感覚。

図2　自己肯定感の諸相

それに対して、「自己肯定感」は、アンケートによる数量的研究では測定することができない「深い自己肯定感（実存的自己肯定感）」をも含んでいる包括的な概念です。

自分の醜いところ、人を恨んだり妬んだりする醜く汚い気持ちの存在も含めて、善悪の観点から離れて、ただそのまま、あるがままに認めることができる。そんな感情のことを「深い自己肯定感」と私は呼んでいます。

これは、アンケート調査などによる「量的研究」では調査不可能です。よりじっくりと個人の内面にまで深く踏み込んでいく、面接調査（インタヴュー）による「質的研究」が必要となる分野です。私の専門はこちらです。

さらには「他者や集団、社会とのつながりのなかで、自分も役に立てるんだ。人のため、社会のために自分にもできることがある」という気持ちが「自己有用感」。これは「自己肯定感の対人的、対社会的側面」であると考えていいでしょう。

「自己有能感」というのは、いわゆる「自信」のこと、「自分にはできることがある」という「自分の能力に対する肯定的感情」のことです。これは「自己肯定感の能力的側面」と言ってもいいでしょう。さらには類似の概念で、より学術的な概念に「自己効力感（セルフエフィカシー：self-efficacy）」があります。これは「自分には何かを成し遂げたり、達成したりすることができるという感覚」のことです。自分の行った行為の「達成感にもとづく、自分はできるんだという感覚」と言ってもいいでしょう。いわば「自己肯定感の、行為達成的な側面」が「自己効力感」です。

まとめると、「自己肯定感の認知的側面」が「自尊感情」、「自己肯定感の対人的、対社会的側面」が「自己有用感」、「自己肯定感の能力的側面」が「自己有能感」、「自己肯定感の、行為達成的な側面」が「自己効力感」……そして、それらのすべてを含んで、自分の醜いところ、人を恨んだり妬んだりする醜く汚い気持ちの存在もただそのまま、あるがままに認めることができるような「実存的な深さ」の次元まで包含した概念が「自己肯定感」。そんなふうに私は、概念整理を行っています。

第Ⅱ部　実践編

第7章　「問題解決的な道徳学習」の考え方と実践

——「道徳的な問い」に応えていく中で、多様な行為可能性に開かれていく

道徳の授業で育てるべき「道徳的な資質・能力＝コンピテンシー」の一つは、「道徳的問題の解決に取り組む力」です。

本章では、私の考える「問題解決的な道徳学習」の考え方と実践例を紹介します。

◎状況からの問いに「応答する力」——道徳的問題状況にどう応えるか

私たちは、日々道徳的な問題に直面しています。

原発の問題がある。環境問題もある。人口問題もある。これらのすべてが簡単には答えが出ない問題です。「答えなき問題」が、この世界には山積みなのです。

そういう「答えなき問い」が山積みのこの世界にあって、それぞれの問いに直面し、それをどう引き受けどう応えていくか。そのことを私たちは日々問われているのです。

こうした「答えなき道徳的な問い」に応えていく力をどうやって育てていくかが、大学でも高校でも、小学校でも中学校でも重要になっています。

一言で言うならば「状況からの問いに対してresponsibleな人間」を育てていく必要があるのです。

Responsibleというのは、どういうことでしょうか。

「応答できる」ということです。

状況からの問い、要請があって、それに応える。Responseしていく。状況からの要請があって、それにResponseする。

Responsibleという言葉には、応答可能という意味と同時に、責任を負う、引き受ける、という意味もあります。

人は、自分が置かれた状況にさまざまな仕方で問われています。その状況からの問いかけにいかに応えるか。どう応答するか。これは、その状況の問いかけをどのように引き受け、責任を負うか、ということです。

コンピテンスをもっている、というのは、単にバラバラの構成要素として、「○○力」の寄せ集めをもっている、ということではありません。大切なのは自分のもっている「○○力」「○○力」「○○力」を総動員して、「状況からの問い（要請）」に応答していくことです。

原発の問題、人口減の問題、環境問題……いずれの問題にも複雑な状況がかかわっています。そうした状況の要請に応えるために、自分のもっている力をすべて結集して応えていくのです。自分のもっている諸力を結集したり、総動員するというのは、DeSeCoによるキーコンピテンシーの定義で使われている言葉です。orchestrateつまり、オーケストラの指揮者のようにすべてを動かしていくのです。

しかも統制して秩序をもって、オーケストラの指揮者のように自分のもっている「○○力」をすべて動かしていく。こういうことができる力。自分が直面している困難な状況に応じて、もっている諸力を総動員しフルに発揮していく力。こうした力を育てることが求められているのです。

私たちが日々直面するさまざまな道徳的問題状況からの要請（問い）にどう応えていくか、という「応答力」の育成が求められています。これこそ、道徳授業で育てるべき「道徳的資質・能力（コンピテンシー）」の柱であると私は考えています。

◎「道徳的問題」は三種類ある

「道徳的問題」には、総合学習の課題と同様に、三つの種類があります。

●国際、情報、環境、福祉健康などの課題。これはグローバルな課題、世界規模の課題です。人類はどうやって生き残っていくのか、持続可能な社会はどうやってつくられていくのか、という大きな課題

●地域の伝統文化、行事、生活習慣、経済産業など、地域や学校の特色に応じた課題で、ローカルな課題

●自分の生き方、友人との関係をどうするか、といった個人的な問題でindividualな課題

これら三つの課題に共通するのは、大人も含め誰も答えを見出していない課題だということです。しかも、だからと言って、無視も先送りも許されない課題、現代社会に生きるすべての人が自分のこととして考え抜いていかなくてはならない課題であるということです。

◎「問題解決的な道徳学習」のモデル

では、私の考える「問題解決的な道徳学習」とはどのようなものでしょうか。

授業モデルを示しましょう。それは、大まかには次の四つの流れから成り立っています。

問題解決的な道徳学習の４ステップ

①　自分一人で考える。選択する。ワークシートに書く。
　　　↓
②　グループでの話し合い
　　　↓
③　クラス全体での話し合い
　　　↓
④　再度、自分一人で考える。選択する。ワークシートに書く。

より具体的には、私の考える「問題解決的な道徳学習」は次の5段階10ステップからなっています。

第一段階　インパクトのある仕方で問題を提示し、「ねらいとする価値」を共通理解する

〔ステップ1〕視覚に訴える、インパクトある形で問題を提示する

例えば、世界には、学校に行けないばかりか、満足に食事さえとれない飢餓状態の子どもがいます。

インパクトのある写真を一～三枚拡大して、黒板にはります。

あるいは、数分のリアルな映像を見せます。

そして「これは何の写真ですか」と問います。

圧倒的なインパクトのある写真や映像を使って問題を提示し、「これはのっぴきならない問題だ」という意識をわしづかみにします。

いわゆる「つかみ」です。

ここで、圧倒的なインパクトのある写真や映像などを準備できるかが、勝負です。「つかみ」は、視覚に訴えるものが効果的です。


〔ステップ２〕この授業で「ねらいとする価値」を共通理解する

「問題解決的な学習」は、思わぬ方向に展開することがしばしばあります。

そしてその展開は、無視できない重要な意味をもつ「意外な発言」によって引き起こされることも少なくありません。教師としてはその重要な意味に気づいているので、それを無視できませんが、想定外の方向への展開に慌ててしまうこともあります。そのあとの自由な展開を保証するためにも、授業の最初のところで「ねらいとする価値」を押さえておくことが大きな意味をもちます。

第二段階　「何が問題か」焦点づけ、共通理解を図る。必要に応じて選択肢を提示する

〔ステップ3〕読み物資料を読み、共通理解を図る

資料を読解し、共通認識を図ります。ここで時間を取られすぎないためには、「資料はできるだけ短いものを」選ぶ（作る）のがポイントです。

読み物資料を正しく読むために多くの時間を割くのは、国語の時間ではありえても、道徳の時間でなすべきことではありません。

〔ステップ4〕「何が問題か」を共通理解する。必要に応じて、選択肢を提示する

資料の一点に焦点を当て、「何がこの授業で考えるべき道徳的問題なのか」を明確にします。この点についての共通認識が明確でないと、「何について考えているか」があいまいな、いわばピンボケの授業になってしまいます。


「友達のさとるくんに、『ぼく』は何と言えばいいのか」

「○○町のこの問題に対して、あなたにできることは何があるだろうか」

「持続可能な世界をつくるために、この○○に対して、あなたはどうすべきなのか」

授業で扱う「問題解決」は、このような「一つの問題」に絞っておくことが重要です。

提示された「道徳的問題」が比較的シンプルな場合や、子どもたちがまだ問題解決的な学習に慣れていない場合、教師があらかじめ準備した選択肢をもとに考えさせるほうが有効です。その場合も、「するか・しないか」「ＡかＢか」という二者択一の選択肢を提示するのがふさわしい場合、「ＡかＢ、Ｃ、Ｄか」という三者択一や四者択一の選択肢を提示するのがふさわしい場合など、さまざまな場合があります。

問題が複雑なものになったり、子どもが問題解決的な学習に慣れてきた場合、「その他」という選択肢が、もっとも重要な選択肢になります。

「問題解決的な道徳学習」で育てるべき能力は、大人でもどうすればいいのかわからない問題に取り組んでいける力です。こうした問題の場合、あらかじめ準備できる選択肢のいずれも、不十分なものであるのが普通です。既存の選択肢では解決できない問題だからこそ、問題となっているからです。

このとき、既存の明示された（explicit）選択肢のなかから選ばせること以上に、その状況のなかに隠れている暗在的な（implicit）選択肢を発見し、その状況を「乗り越える」ことこそが重要です。そしてこうした子どもの力を引き出すためには、「その他」という選択肢こそが、最も重要になるのです。

さらに子どもが熟練してくると、「選択肢なし」で、最初から子どもたちに「どうすべきか」「どうするのがいいか」「何ができるか」を考えさせるほうが有効になります。

（1）問題がシンプルな場合や、子どもたちが問題解決的な学習に慣れていない場合は、教師が選択肢を提示し、二つから四つの選択肢から選ばせる。

（2）問題が複雑な場合や、問題解決的な学習に子どもたちが慣れてきた場合には、選択肢に「その他」を加える。あるいは「ほかにできることには何があるだろうか」と発問する。

（3）問題がさらに複雑な場合や、子どもたちが問題解決的な学習に慣れてきた場合には、選択肢なしで、最初からフリーハンドで「何をすべきか」「何ができるか」を考えさせる。すなわち、子どもたち自身に選択肢を考えさせるところから始める。

第三段階　一人で解決策を考える

〔ステップ5〕自分一人で解決策を考えさせる。解決策とその理由をワークシートに書く

第四段階　小グループおよびクラス全体での話し合い

〔ステップ6〕小グループで「聞き合い」をする。それぞれの考えとそのよさを理解する
それぞれのグループでさしあたりの解決策を決める

小グループでの話し合いでは、ほかのメンバーの考えとその理由をワークシートに記入しま

す。まずは、それぞれの解決策の「よさ」に着目して、聞き合いを行います。そのうえで、そのグループで最善と思われる「とりあえずの解決策」「よりベターな選択肢」を決めます。

このとき、多数決やジャンケンで決めないことが重要です。「とりあえずの解決策」を出そうと話し合いますが、話し合いが「白熱」して決まらない場合は、無理に決める必要はありません。

〔ステップ7〕 クラス全体での話し合い
それぞれのグループの解決策を発表し、それぞれの長所・短所を話し合わせる

教師は、すべてのグループの解決策を板書し、それぞれの解決策のよさ、問題点についてクラス全体で話し合います。

シンプルな問題であればあるほど、同じ解決策でまとまりやすいものです。コンセンサス（考えの一致）を得るのは簡単です。

複雑で困難な問題であればあるほど、出される解決策は多様なものとなりやすいです。コンセンサスも得にくくなります。

困難な道徳問題については、当然、どのグループから出された解決策も不十分であることが多いからです。

〔ステップ8〕問題状況を突破する解決策を話し合う

どのグループから出された解決策も不十分であるとの共通認識をします。そのうえで、「それでも私たち一人一人にできることには何があるか」「どうすべきなのか」を話し合います。

完全な解決策がないことがわかっても、それでもなお、私たちは何かをし続けなくてはならないからです。「完全な解決策」はないとしても「それでも自分にできること」を考えさせるのです。

第五段階　「問題状況の突破」「乗り越え」へ向かう

〔ステップ9〕もう一度、自分一人で考え、解決策を書く

気づいたこと、学んだことを書きます。

ワークシートに、今日の授業での話し合いを踏まえたうえで、「では、自分は何をすべきか」「自分に何ができるのか」と「その理由」を書かせます。

今日の授業で「気づいたこと、学んだこと」も記入させます。

〔ステップ10〕意図的指名により、子どもたちの気づき、学びを引き出す教師の説話を加えてもよい

意図的指名を行い、重要な気づきを記入していた子どもに発言させます。
教師の説話によって、今後への示唆を与えて授業を閉じてもよいでしょう。

要約します。
私の考える「問題解決的な道徳学習」は、次の5段階10ステップからなっています。

「問題解決的な道徳学習」の5段階10ステップ

第一段階　インパクトのある仕方で問題を提示し、「ねらいとする価値」を共通理解する
ステップ1　視覚に訴える、インパクトある形で問題を提示する
ステップ2　この授業で「ねらいとする価値」を共通理解する
第二段階　資料を読み、「何が問題か」焦点づけ、共通理解を図る。必要に応じて、いくつかの選択肢を提示する
ステップ3　読み物資料を読み、共通理解を図る

ステップ4　「何が問題か」を共通理解する。必要に応じて、選択肢を提示する
第三段階　一人で解決策を考える
ステップ5　自分一人で解決策を考えさせる。解決策とその理由をワークシートに書く
第四段階　小グループおよびクラス全体での話し合い
ステップ6　小グループで「聞き合い」をする。それぞれの考えとそのよさを理解する
それぞれのグループで「とりあえずの解決策」を決める。多数決やジャンケンでは決めない
ステップ7　クラス全体での話し合い
それぞれのグループの解決策を発表し、それぞれの長所・短所を話し合わせる
ステップ8　問題状況を突破する解決策を話し合う
第五段階　「問題状況の突破」「乗り越え」へ向かう
ステップ9　もう一度、自分一人で考え、解決策を書く
ステップ10　意図的指名により、子どもたちの気づき、学びを引き出す
教師の説話を加えてもよい

重要なことは、ここに示した十のステップすべてを含む必要はない、ということです。十のステップすべてを順に踏んでももちろんよいのですが、このうちいくつかを、順序を入れ替えて行ってもまったく問題はありません。重要なのは、中身です。

◎どんな「資料」を用いて、「どんな道徳的問題場面」を提示するか

問題解決的な道徳学習で最も重要なことの一つは、「どのような資料を準備できるか」です。それによって、「どんな道徳的問題場面」を提示することができるかが決まってきます。

さまざまな「道徳的問題場面」に直面した際に、人はその道徳的問題場面からそれに応えていくことを求められています。

「道徳的問題場面」は、人に何らかの道徳的な行為（実践）を求めます。そしてまさにその場面が求めるように、人がその場面の要求に応答することができたならば、その場面は推進され、先へと展開されていくのです。

逆に、道徳的問題場面の要求に人が満足のいく仕方で応えることができなければ、状況と人間の相互作用は停滞し、硬直し、ひどければ凍結します。

人生の問題場面が要求し、人がその要求に応答する。

この人生と人との相互作用が、道徳的実践を求めるのです。

道徳的であるとは、根本的には、人間が直面する人生の諸状況からの要求・要請に正しく応答し、正しく応えることです。道徳的行為が求められる背景には、人間と状況とのこの相互作用が存在しています。

この状況との相互作用が人間に道徳的実践を求めるのであって、その逆ではありません。道徳的問題場面に直面するからこそ、人は道徳的に応え、行為することが求められるのです。道徳的資質・能力とは、この文脈で言えば、人が、道徳的問題場面に直面した際に、その問題場面の要求に正しく応えることができる力のことです。

道徳教育とは、道徳的資質・能力を育てることであると考えるとき、これらのことを理解したうえでのことでなくてはなりません。この理解を欠いたまま道徳的資質・能力を育成しようとしても、それは道徳的実践というものの本質の正しい理解を欠いていますから、うまくいくはずがありません。

◎四つの道徳的問題場面

道徳的資質・能力とは、道徳的問題場面に直面したときに、その問題場面の要求に正しく応えていくことができる力であると言いました。

では、道徳的問題場面とは、何でしょうか。

このことを考えておくことは、道徳授業において、どのような場面を提示するか、すなわち、どのような資料を用意するか、ということにおいて、きわめて重要になります。

私は、「道徳的問題場面」には、大きく分けて、次の二つの種類があると考えています。

① 比較的、そこでの選択肢が明瞭な（explicit）クリアな場面

② 比較的、そこでの選択肢が漠然としている、不明瞭な（implicit）場面。そこでの選択肢が潜在的で、暗黙のものであるような場面

この二つです。

しかも、①そこでの選択肢が明瞭なクリアな場面は、

①―1 一つの正しい選択肢をするか、しないかが問われる場面

〔例〕「わたし」は、○○をすべきか、すべきでないか

①―2 二つの選択肢のいずれを選ぶかが問われる場面

〔例〕「わたし」のすべきことは「A」か「B」か

①―3　三つ以上の選択肢の中から、どれを選ぶかが問われる場面

〔例〕「わたし」のすべきことは「A」か「B」か「C」か「D」か「その他」か

この三つに分かれるのです。

それに対して、②そこでの選択肢が潜在的な場面とは、つまり「どうしたらいいのか、混沌としていて、まず選択可能な選択肢を浮上させていくこと自体が求められる場面」です。子どもたちは最初の「選択肢の発見」から自分で取り組まなくてはなりません。

私たち大人が真剣に問われるのは、②の「潜在的な（暗黙の）選択肢しかない場面」です。ほんとうに、どうしたらいいかわからない困難な問題場面に――例えば、現代日本が直面している少子化の問題。子どもを多く生む社会をめざすべきなのか、それよりも、そうした要求に個々人が圧力を感じることのない社会をめざすべきなのか。「結婚するかしないか」「子どもを産むか産まないか」を自由に選択することが可能であり、また、単に選択することが可能なだけでなく、自由な選択こそが尊重される雰囲気の社会をめざすべきなのか、といった問題――こうしたむずかしい問題に、私たち大人は日々直面しています。

このようないわば「答えなき問い」に囲まれて、私たちは日々を生きています。

そして、道徳教育が、子どもたちが大人になったときに、道徳的に生きていく力（道徳的資

質・能力）を育成することをめざすのであれば、こうした「潜在的な（暗在的な）選択肢」しか存在しないような場面をこそ取り上げるべきだということになります。平たく言えば「私たち大人でも、いったいどうすればいいかわからなくなり、しかし真剣に考えざるをえないような場面」をこそ、特に小学校高学年以上の道徳授業では取り上げるべきだということです。

◎「問題解決的な道徳学習」の四種類の資料

①―1　「一つの正しい選択肢をするか、しないかが問われる場面」を提示する資料

例えば、友達がみんなからからかわれている場面。その友達は何も悪いことをしていません。このようなとき、「みんなおかしいよ。やめようよ」と言う「勇気」が求められます。

こうした場面では、どうしたらいいかはシンプルで明瞭です。それを行う「勇気」と、「どのように何を発言すればいいか」というアサーションのスキルとが求められます。

読み物資料でこうした問題場面を提示します。主人公の「気持ち」を問うていき、「どのように言えば実際に伝わるか」をロールプレイ（役割演技）などをしながら考えていきます。

①―2　「二つの選択肢のいずれを選ぶかが問われる場面」を提示する資料

例えば、友達がよかれと思ってしたことが、自分や自分の周りの人にマイナスであったときに、それをその友達に伝えるかどうか、迷う場面を描いた資料。

伝えることで、友達は傷つくかもしれない。思いやりを発揮して、言わずにすませるべきか。しかし、伝えずにおくのならば、友達は、ほかの人にも同じ迷惑をかけ続けるかもしれない。であるならば、友達に真実を伝えるべきであるか。これが誠実ではないか。

このような二つの選択肢の間で迷う場面です。

あるいは、ソフトボールでバッターが打ったボールが隣家の窓ガラスを割った。思わぬアクシデントです。誰がガラスを割ったか知られてしまうと、ソフトボール禁止になってしまうことを恐れて、バッターの子どもは隣家に謝りにいけなかった。バッターの子をかばって、ほかの子も言い出すことができずにいる。出来事は学校にも伝わり、教師から名乗り出るようにと厳しく伝えられた。このような場面で、名乗り出るべきか、それともほかの子をかばって黙秘を貫くべきか。こうした葛藤場面を描いた資料を提供します。

①―3　「三つ以上の選択肢から、どれを選ぶかが問われる場面」を提示する資料

クラスである子がいじめにあっている。この子を守りたい気持ちはある。しかし、そうすると今度は自分がターゲットにされそうだ。教師に伝えるべきか、否か。しかし教師に伝えると、

ちくったと言われて攻撃されるかもしれない。

そもそも、子どもの力だけでは解決できるとも思えない。親に伝えるべきか。しかしそれでは、親に心配をかけることになる。大騒ぎされて、事態が悪化することも懸念される。

他の友達と組んで対抗すべきか。しかし、その友達が途中で圧力に屈して裏切らないとも限らない。

こう考えると、自分がとれる選択肢はないようにも思えますし、逆にいくつでもあるようにも思えます。このような多様な選択肢の中から、いずれを選ぶかが問われる場面を提示する資料を提供します。

以上が、そこで取りうる選択肢が比較的明瞭な、顕在的な道徳的問題場面を扱う三種類の資料です。それぞれの問題場面の性質に応じた「資料」が準備されます。

まとめると、

○「道徳的問題場面」資料「行為—非行為型」

「勇気」の授業でしばしばあるような、Aをするかしないか、といったある選択肢の行為—非行為の間の選択を求めるような場面設定をした資料

○「道徳的問題場面」資料「二者択一型」

いわゆる「葛藤資料」で設定された、Aを選ぶか、Bを選ぶか、といった二者択一的な場面設定をした資料

○「道徳的問題場面」資料「多選択肢型」

「A」「B」「C」「D」「その他」……といった三つ以上のさまざまな選択肢の中からどれを選ぶか、最善の選択肢を選ぶことが求められる場面設定をした資料

この三種類の資料です。

このような場面で、子どもは話し合いや思考を重ねたうえで、一つの選択肢を十分に納得したものとして「自分で選ぶこと」が求められるのです。

しかしこれだけでは、小学校高学年以上の子どもの道徳授業としては、十分ではありません。大人になったあと、よりよい人生を生きていくうえで必要な力を育てるにはこれだけではまったく不十分です。

私たち大人が生きていくときに実際に直面する道徳的問題場面は、より不明瞭な、漠然とした、インプリシットな、暗在的で潜在的な選択肢だからです。

このような問題を扱う資料は、

○「道徳的問題場面」資料「解決困難型資料」「暗在的選択肢型資料」

とでも言えるでしょう。

そこで取りうる選択肢そのものを、子どもたちがはじめから準備しなくてはならないような場面を扱う資料です。

「持続可能な社会をつくるための環境問題」「人口問題」「生命倫理」の問題などを扱う資料、こうした「解決困難な問題を提示する資料」がその典型です。

例えば、次に紹介する「地域の環境問題」を扱う資料も、解決が困難な問題を扱うものです。

「問題解決的な道徳学習」実践例１
地域の環境問題を扱った「ゴミのポイ捨てに怒り」（小学校高学年）

千葉の勝浦で実際に起きた問題を取り上げて、子どもたちにその解決策を練らせた授業です。

［授業者：末吉智　文献②　120～128ページ］

導入では、勝浦の海岸周辺の美しい風景を映像で見せながら、「勝浦は何によって発展してきた町か」を話し合わせています。勝浦が海を中心とした観光の町であることを改めて確認させています。【ステップ1　視覚に訴える】

勝浦では釣り客が増えている問題を取り上げます。

教師が「釣り客が増えるのはいいことですが、困ったことが起きました。それは何だと思いますか」と切り出します。

「この授業で解決をめざす問題」を焦点化し、共通認識を図ったのです。

子どもたちからは、「ゴミが増えた」「海が汚くなった」などの答えが出されます。

そこで教師は、次のような自作資料を配布し、読み上げました（「解決困難型資料」です）。

ゴミのポイ捨てに怒り（資料の概要）

勝浦の漁港は海が美しく、また絶好の釣り場があるために一年中釣り客でにぎわっています。しかし一方で、釣り場一帯では心ない者のゴミのポイ捨てが勝手に行われていて、様子は目をおおうばかりのひどいものです。ゴミは弁当箱、ビニール袋、空きカンや空きビン、魚をおびき寄せるためのまきえさ、電気浮きに使う小さなガスカンなどです。

まきえさは、磯にヘドロとなってたまり、アワビやサザエの成長のじゃまをしています。なかでもアワビは、最近急激に減ってきており、そのうち採れなくなるのではないかと心配されています。コンクリートの上に捨てられた物にウジがわいて、そのにおいもひどくなってきています。

漁業協同組合員が定期的に清掃を行っていますが、あまり効果がありません。またこれは、たいへんな重労働でもあります。

看板やペンキで書いた忠告も効き目がなく、ゴミ置き場も無視するマナーの悪い釣り客があとをたちません。

漁業協同組合員の一人は「釣りは、いわば勝浦を象徴する代表的なレジャー。しかしマナーはほんとうにひどい。こうなれば釣りを禁止にしたいくらいだ」と怒りの声を発しています。（千葉日報新聞より改作）

勝浦の住民にとってはたいへんに身近な、しかし切実な問題です。こうした「身近で、しかも切実」に感じられる問題を提示することが、このタイプの授業にとって決定的に重要です。

次に教師は、「漁師は何に怒っているのですか」「釣り客によってどんな被害が出ていますか」「これまでどんなことを行ってきましたか」といった発問をして、資料の読み取りを確認しています。【ステップ３　資料の読み取りの確認】

しかしそれにとどまらず、「『釣りを禁止にしたいくらいだ』と言いながらも禁止にできない理由があるようです。その理由とは何ですか」と発問します。

児童が「釣りは勝浦を代表する観光レジャーだから」「観光客が来なくなってしまう」といった一般的な答えを出すと、「釣りを禁止にしたら、どんな人が困るだろう」と切り込んでいます。

「どんな人が困るだろう」という問いかけによって、児童の思考を具体的な次元に下ろしているのです。【ステップ4　問題の確認】

なかなか的確な発問です。すると児童は「民宿をやっている人は赤字になってしまう」「おみやげ屋さんは、買物客が減ってしまう」「釣り具屋さん」などと答えています。観光客が減ると、生活に支障をきたす人もいるという現実に着目させることに成功しているのです。

教師はここで「『釣り禁止』にしないで漁港をきれいにする方法はないだろうか」と記された価値のシートを配布し、次のような指示を与えています。

> 「みんなに考えてもらいたいことがあります。『釣り禁止』にしないで漁港をきれいにする方法は何かないでしょうか。これを考えてほしいのです。まず、方法だけを考えましょう。できれば、三つくらい」

○「釣り禁止」にしないで、勝浦の漁港をきれいにする方法はないだろうか。

	方　法	
1	ゴミ箱を置く（ビニール袋を配る）	・守らない人はそのビニール袋を捨ててしまう。 ・ゴミの量が増える。
2	見回りをする（見張りをつける）	・かんしする人がつかれる。 ・見られているのでのびのびできない。
3	期間を決める	・来られる人と来られない人がいる。 ・季節によって釣れる魚がちがう。
4	つり具以外持ち込まない	・食べ物・飲み物を持ってこられないとお昼とか困る。

〔学習のまとめ〕

○気がついたこと・考えたこと・感じたこと

・つりをやるのはいいと思うけど、きちんときまり・マナーを守ってやってほしいと思った。
・つり人の捨てたつり糸やゴミで動物が死んでいるなんてかわいそうだな。
・今日の勉強からこれからも海のことにもっと気をつかっていきたいなと思った。

○「釣り禁止」にしないで、勝浦の漁港をきれいにする方法はないだろうか。

	方　法	
1	ゴミ箱を置く	・ゴミを入れないかもしれない。 ・風の強い日にふっとぶかもしれない。
2	ゴミを捨てたらばっ金	・つりのきぶんじゃなくなる。
3	かんし員をつける	・寒い日たいへん。 ・注意してもまたすぐやる人がいる。
4	ゴミになりそうな物の持ち入りを禁止する	・不便。

〔学習のまとめ〕

○気がついたこと・考えたこと・感じたこと

ぼくもつりをするけど、つりをしにきている観光客のすてたゴミでいろいろな生物が死んだりしてしまっているというのは初めて知った。自分でもたまにゴミを捨ててしまったりしたことがあるのでこれからは気をつけようと思った。

漁港をきれいにする方法を、「まず自分一人で考える」ことを求めているのです。【ステップ5　一人で解決策を考える】

この「自分一人で考える」個人学習の時間をたっぷりとって、じっくり考えさせます。自分の考えをワークシートに記入させ、その後、クラス全体の話し合いにうつっています。

【ステップ7　クラス全体での話し合い】

自分の考えた方法を発表させます。すると「罰金を取る」「監視人を置く」「ゴミ箱を数メートルおきに置く」「ゴミ袋を釣り客に配る」「漁業を制限する」「監視カメラを設置する」「釣り具以外のものを持ち込まない」など、実にさまざまなアイデアが出されました。児童が本気になって考えた様子がうかがえます。

次に、ここで出されたさまざまなアイデアについて、それぞれの方法に「欠点」や「困るであろうこと」はないか考えるように指示しています。

> 「それではこのような方法の欠点や予想される困ることを考えてみましょう」

先に出されたさまざまなアイデアについて、ほんとうに有効かどうか「再吟味」させるのです。一人で考えてもわからないときは、隣の人に相談するように助言しています。

まず考えつくかぎりの可能な選択肢をすべて出させて、そのうえで各々の選択肢の「欠点」や「困るであろうこと」を考えさせるというこの方法は、「問題のよりよい解決策」を探すためのよいトレーニングになります。その問題の解決が、なぜ、どのような点でむずかしいのか、よくわかるからです。

ご覧になっていただくとわかりますが、ワークシートは「方法」を書く欄の下が空白になっています。ここに、各方法の「欠点」や「困るであろうこと」を考えさせ、記入させていきます。

クラス全体で発表させると、すべての方法についてその「欠点」や「困ること」が指摘されました。「罰金を取る」に対しては「風で飛んでいったビニール袋の場合、捨てたのかどうかもめるのではないか」という欠点。「ゴミ箱を数メートルおきに置く」に対しては「ゴミ箱がいっぱいになっても片づけない人がいるので臭くなるし、ゴミも風で飛ばされていってしまう」という欠点。「ゴミ袋を釣り客に配る」に対しては「きちんと守ってくれないとかえってゴミが増えることになる」という欠点。これらの欠点が、それぞれのアイデアについて指摘されました。

「監視カメラを設置する」というアイデアに対しては「台風などでカメラが壊れてしまう」「監視されないようにカメラを壊す人がいるかもしれない」という欠点が指摘され、さらに釣り客の視点からも「いつも監視されていると思うと、伸び伸びと釣りをすることができなくなる」という指摘がなされました。

教師が「これ以外によい方法はないかな」と問いかけます。【ステップ8　問題状況の突破に誘う】

すると「わからない」という答え。そこで教師は、次のように問いかけました。

「土曜日や日曜日には、この学校にたくさんの人が遊びに来ます。お菓子をたくさん持って遊びに来る人もいます。先生も何度か見たことがあります。それなのに月曜日に学校に来ても、校庭にゴミが捨てられていないのです。さて、どうしてでしょう」。

すると児童から、「焼却炉や空き缶に捨てているから」「ゴミを持ち帰るから」「みんなが気をつけているから」「一人一人がゴミを出さないように気をつければいいんだよ」といった答えが返ってきました。

一人一人が自分でゴミを処理することが、問題解決の基本であることに気づいたのです。

さらに教師は、「漁港が汚れて困るのは、漁師さんだけじゃないんですよ。ほんとうに困っているのは、野鳥や亀などです」と言って、針を飲み込んだり釣り糸に絡まったりして死んでしまった野鳥の写真を見せています。【ステップ1　視覚に訴えて問題を提示】

「何気なく捨てたゴミによって野性動物がたくさん犠牲になっているのです。先生も釣りをしますが、いままではこんなことになっているとは知りませんでした」。

最後に、ワークシートに「今日の授業で感じたこと・考えたこと」を書かせて、この授業を終えています。【ステップ9　再度、自分で考える】

この授業は、「問題解決的な道徳学習」の好例であると言えます。特に「事態を分析し、とりうるいくつかの行為について、それがもたらす結果を予測・比較し、そのうえである行為を選択する力」を育むことに力点が置かれています。

この授業の成功の一因は、地域の身近な、しかも切実な問題を資料化することで、子どもにリアルな問題意識を与えることができた点にあります。授業記録を読むと、子どもたちがまさに「自分にかかわる問題」として、真剣に解決策を考えている様子が伝わってきます。

クラスでの話し合いによって、それぞれの解決策の不十分な点に気づくことができています。資料の工夫や写真の提示によって、インパクトある形で問題を提示することもできています。

この授業には、子どもの「問題解決の力」を育むうえで必要なさまざまな要素が盛り込まれています。

「問題解決的な道徳学習」実践例2
ディベート的話し合いを用いた授業「リス君はどっちが幸せ？」（小学校高学年）

「リス君はどっちが幸せ？」という授業は、千葉県野田市の清水公園にリスの森をつくることになったことを取り上げた小学校五年生の授業です。［授業者：藤田孝明　文献②　151～155ページ］

リスの森をつくることになったのは、市民がリスと身近に触れ合うことで、自然を愛する心を育み、人間の優しさを取り戻そうという考えからです。

以下のような資料が示されました。

> 先日富士山のふもとから連れてこられたリスが十匹放されました。リスの森となる清水公園の第二公園の森林は、周辺に雑木林も多く、リスのすみかとして最適です。連れてこられた日本リスは、開発に伴う生活環境の変化のため、最近は激変の一途をたどっています。今後一般市民が、リスを守る会を組織し、毎日エサを与えたり、健康状態を調べたりして、手厚く保護することになっています。
> 十年後には、リスと市民が自然に触れ合える公園の実現をめざしています。しかし一方

では都会の公園で、リスが生活していけるのか。リスの幸せを考えると、富士山のふもとに帰してあげるほうがよいのではないかという声も聞かれます。（『千葉日報』一九八七年八月の記事をもとに）

授業では、この資料（「二者択一型資料」）をもとに、まずくわしく事実を伝えます。【ステップ3　資料の読みの確認】

さまざまな背景を説明したうえで、「賛成」「反対」の二つのグループに形式的に分けて、「富士山の森のほうがリスにとって幸せか」という論題でディベートを行っています。【ステップ7　クラス全体での話し合い】

「賛成側」、すなわち、「富士山の森で暮らすべきだ」という立場の人に意見を求めると、「公園だとリスは夜行性だから車にひかれてしまう」「排気ガスで公園の空気が汚れている」「自然のバランスが崩れて、リスを食べる動物が困ってしまう」などの意見が出されました。

一方「反対側」からは、「公園にはリスの天敵のトンビやタカがいない」「好物の鬼グルミが食べられる」「実際にリスの数が増えているということは、住みやすい証拠だ」「この地球では、すでにたくさんの動物が滅んでいるから公園で保護したほうがいい」「人間に自然を大切にする心が育つ」といった意見が出されました。事前に父親と一緒に清水公園まで行って写真を撮ってきた子どももいたようです。

その後、「賛成派」「反対派」という形式上の立場を解除して、自分で自由に判断していいようにしています。自分自身で解決策を考えさせたのです。【ステップ5　一人で解決策を考える】

そのうえで教師は二つの発問をしています。

「もし人間の身近で動物を育てるとしたら、どんなことを心がけたらいいのでしょう?」

「もし、森に帰すとしたら、どんなことを心がけたらいいのでしょう?」

つまり、どちらの結果になったとしても、自分にできることには何があるかを考えさせるのです。【ステップ8　問題状況の突破への誘い】

本音とは無関係に、形式的に立場を分けて議論させるディベートで終わってしまったら、あまり意味がないと私は思います。単なる知的なゲームになってしまう可能性があるからです。

この授業では、ディベートを行った後で、立場を解除し、そのうえで「では、自分には何ができるのか」を話し合わせています。

「問題解決的な道徳学習」では、このように「大人でも答えが出せない問題」について、子どもに本気で話し合わせるのです。

いま、二つの実践例を紹介しました。

一九九〇年代後半から、道徳の授業にも、こうしたスタイルの授業が次第に増えていきました。例えばクローンの問題や出生前診断といった生命倫理の問題、環境破壊の問題、人口問題といった大人でもいくら議論しても答えが出ない倫理問題について、どうすればいいのかを話し合わせるような授業が現場主導で生み出されていったのです。従来型の道徳授業が古典的な徳倫理学を基礎学問とした授業だとすれば、こうした現代的な倫理問題について話し合いをする授業は、生命倫理学や環境倫理学といった応用倫理学を基礎学問とする授業であると言っていいでしょう。

「問題解決的な道徳学習」実践例３
「友人関係の問題」をどう解決できるか話し合わせる授業（小学校中学年）

導入で、これまでの生活のなかで友人関係で悩んだ経験を振り返らせた後、資料「まさお君の悩み」を読み聞かせます。［授業者：藤平恵子　文献②　128～136ページ］

資料のあらましは以下のとおりです。

まさお君は、同じクラスで前は仲がよかったひろし君のことで悩んでいます。何となく嫌われているような気がするし、ほかの友達も、ひろし君がまさお君の悪口を言っているのを聞いたと言っていたのです。

昨日、ひろし君がまさお君の机のそばを通り過ぎたとき、うっかりまさお君のノートやプリントを全部床に落としてしまいました。そして今日、まさお君が習字道具の後片づけをしているとき、ひろし君がまさお君の最初の手本の上に、墨の入った入れ物をわざと倒しました。墨はしみこんでしまい、手本の字が見えなくなってしまいました。

子どもたちの生活でよく起こりがちな、かつ切実な問題を提示しています。実際の授業では、絵や図を提示しながら読み聞かせ、まさお君とひろし君の関係と、起こった出来事について的確につかませていました。【ステップ3　資料の読みの確認】
そのうえで、ワークシートに提示してある五つの選択肢、すなわち

「ア　無視する。何事もなかったように行動し、友達にも話さない」

「イ　責める。ひろし君に『なんてことするんだ。弁償してよ』とどなり、友達にも『見てよこれ、わざとやったんだよ』と言う」

「ウ　なぐさめる。『この手本はもうだめだね。もったいないけどしようがないよ。先生に言ってまたもらうから大丈夫。わざとじゃないよね』と言う」

「エ　がまんする。『ひろし君、先生にも友達にも言わないよ。だからもうこんなことするのはやめてよ』と言う」

「オ　話し合う。『ひろし君、僕は怒ってる。どうもぼくのことを嫌ってるみたいだけど、どうして？　二人できちんと話し合おう』と言う」


「ア」「ウ」「エ」は「非主張的な行動」。自分を抑えて相手を優先し泣き寝入りする行動。『ドラえもん』の登場人物で言えば「のび太君的な行動」です。

「イ」は「攻撃的な行動」。自分のことだけ考えて、相手を無視して自分を押し通す行動です。『ドラえもん』の登場人物で言えば「ジャイアン的な行動」です。

もちろんいずれも、好ましいものではありません。

最もよいのは「オ」で、これを心理学では、「アサーティブな行動」と呼びます。「アサーティブ」とは、他の人の言い分を受けとめるとともに、自分の言い分も当然の権利として主張するものです。「自分も相手も大切にする行動」で、「さわやかな自己表現」と言われます。『ドラえもん』の登場人物で言えば「しずかちゃん的な行動」です。

欲を言えば、「その他」の項目を設けて、「どれでもないな」と思った子どもに、自分だったらどうするかを記入できるようにしておくと、よりよかったと思います。

この五つの選択肢を提示したうえで、次のように発問します。

「自分だったらどうしますか。どうするべきでしょうか」

まず、自分一人でじっくり考えさせて、ランク付けをさせます。ワークシートに順位づけを記します。【ステップ5　自分一人で考え、選択する】

書けたら、次に、小グループでの話し合いにうつります。【ステップ6　小グループでの話し合い】

「グループになって、どうしたらよいか、よいと思う順にランキングしてください」

グループで「どうすればよいか」を考えさせます。「小グループでのランキング」をさせるのです。グループでコンセンサスが得られて、順位が決まったら、ワークシートに記入します。

このとき、多数決やじゃんけんなどで決めさせないことが重要です。話し合いの結果、順位が決まらなかったら、決めないままでいいのです。コンセンサス（合意）を得ようと話し合うことが重要なのです。

「大きな声でたくさん話した者勝ち」にならないよう、グループの全員の考えに耳を傾けて、理解し合う話し合いになることも大切です。

小グループでの話し合いの後、クラスでの話し合いにうつります。【ステップ7　クラス全体での話し合い】。各グループのランキングの結果を発表するとともに、わからない点についてお互いに質問し合います。

　この授業では、9グループ中7グループが「話し合う」を一位に選びました。残りのあるグループは「話し合う」と「がまんする」を同率一位、もう一つのグループは「話し合う」「無視する」「がまんする」を同率一位としていました。そのグループには、「話し合ってもどうせ気が変わるのだから、無視するのが一番」という意見の子がいたからです。

はじめのランキング		話し合い後のランキング
(3)	ア　無視する	(2)
(4)	イ　せめる	(4)
(1)	ウ　なぐさめる	(3)
(5)	エ　がまんする	(5)
(2)	オ　話し合う	(1)

しかしその後の話し合いで、別の子から「無視していると、何も感じていないみたいで、自分の気持ちはわかってもらえない」「いつまでもやられっ放しだと人間ではなく、人形みたいだ」といった反論が出されて、「話し合う」にクラス全体の考えが収斂されていきました。

終末ではもう一度、一人で考える「個人学習」に戻ります。【ステップ9　もう一度、自分自身で解決策を考える】

〈個人学習〉
「まさお君とひろし君がもう一度仲良くなるために、まさお君はどう言えばいいでしょう。自分でもう一度考えてください」

今度は、選択肢にとらわれず、自分で自由に解決策を考えるように言います。【ステップ8　問題状況の突破への誘い】

また、話し合いのなかで「だれのどんな意見に『なるほど』と思ったか」をシートに書かせていきます。これは、話し合いで学んだことを振り返らせる意味をもっています。

この授業は次のような流れで進んでいきます。これが問題解決的な道徳学習の基本パターンです。

〔流れ〕
一人で考えワークシートに書く「個人学習」
→②小グループでの話し合い
→③クラス全体での話し合い
→④再び、一人で考える「個人学習」

「問題解決的な道徳学習」実践例４
「身近な問題」を扱い、マナーについて考えさせたエンカウンター方式の授業（中学校）

千葉市の中学校教師、植草伸之先生の見事な自作資料を使った授業を紹介します。［授業者：植草伸之　文献⑲ 102〜107ページ］

資料は、教師自身が日常的な問題場面から、「こういうときは、どうしたらいいんだろう」と思ったものをピックアップして、それを自作資料にしたものです。

したがって扱う素材は非常に身近であり、実際私たち大人でも「どうしたらいいんだろう」

と考えてしまうような、具体的な思考を刺激する資料になっています。そういった資料を使ってエンカウンター方式で問題解決的な学習を行います。

〈資料の前半〉
五歳ぐらいの女の子とお母さんが映画館の売店で、ジュースとポップコーンを注文しました。しばらくして、カウンター越しの店員さんがトレイに品物を乗せて持ってきました。代金は九八〇円です。お母さんは千円を店員さんに渡し、おつりをもらいお財布に入れました。その次の瞬間、女の子は自分でトレイを持って運ぼうとしました。しかし、女の子が持っていたトレイはバランスを崩し、ジュースとポップコーンは、床に落ちてしまいました。床にはジュースとポップコーンが散らばっています。女の子はとてもびっくりした表情をしています。映画の上映開始時間はあと五分に迫っていました。

これは授業者が実際に見た場面を資料にしています。確かに、どうしたらいいだろうと困る場面です。この場面について、まず教師が資料を読みます。そして「お母さんと店員さんの、その後の対応について予測してみよう」と発問します。子どもたちは、お母さんと店員さんのその後の対応について考え、発表します。

例えば、お母さんについては「床を拭いた」「子どもを叱った」「そのままにして劇場内に入っていった」、店員さんについては、「床を拭いた」「無視した」などの予想が出ます。ワークシートを配布して、お母さんの対応についてA・Bから選ばせます。

「お母さんは、A・Bどちらの対応をしたと思いますか」
A すぐにハンカチを取り出し、子どもと一緒に床を拭きだした。
B こぼしたことを店員に告げ、子どもの手を引いて劇場に入っていった。

次に、店員さんの対応についてたずねます。

「店員さんは、A・Bどちらの対応をしたと思いますか」
A カウンターからすぐに出てきて、服の汚れを確認し、床を拭きだした。
B 何もせず、ほかの客の対応をしていた。

子どもたちは四人グループになって、自分の考えを伝え合います。どの対応がなぜよいのかを個人で考え発表します。

〔ワークシートの一部〕
○どの対応がなぜよいのか、対応の違いでどんな影響があるか考えましょう。
・どの対応がよい
・理由は

意見を交換し合った後に、資料の後半を教師が読みます。

〔資料の後半〕
お母さんはすぐにバッグからハンカチを取り出し、床を拭きだしました。それを見ていた店員さんも、すぐにカウンターから出てきて、女の子に「大丈夫だった？　服は汚れなかった？」とたずねました。店員さんはお母さんとともにこぼれたジュースを拭き、ポップコーンを拾い集めました。女の子もお母さんと店員さんの真似をしながらポップコーンを拾いだしました。周りにいた何人かのお客さんも自然に手伝いだしました。床がきれいになり、お母さんは「ご迷惑をおかけしました」と店員さんと周りの人に一礼し、劇場内に入ろうとしたとき、店長さんが、新しいジュースとポップコーンをトレイに乗せ持ってきました。お母さんが「お金……」と言いかけたのをさえぎり、「もう映画が始まりますよ」、女の子には「今度は気をつけようね」と語りかけました。女の子は「うん」とうなずき笑顔になりました。そして、その光景を見ていた周りの人たちは何だかとてもすがすがしい気持ちになりました。

こういう、先生自身の生活のなかで感動した場面を道徳授業で扱うというのは、素晴らしいことだと思います。こういう身近な場面で、どうしたらいいか問題解決策を考えさせるのです。最後に授業の終末で、あらためて「自分だったら、どの対応ができるか」を考えさせています。

「お母さんと店員さんがそれぞれに責任感をもって動いたことで、周りを動かしたと思う」
「いざというときに自分は対応できるかわからないけど、かかわろうとする気持ちが大切だと思う」
「お店はお客様にサービスをすることで、より店のイメージアップにもつながる」

「問題解決的な道徳学習」実践例5
『泣いた赤鬼』を使ったロールプレイング（役割演技）による問題解決型授業（小学校五年生）

［千葉大学教育学部附属小学校の研究授業から］

子どもたちが自ら問題場面を突破していくロールプレイングを取り入れた授業です。小学校五年生を対象に、『泣いた赤鬼』という定番の読み物資料をもとに行われました。『泣いた赤鬼』のあらすじは以下のとおりです。

赤鬼は人間から恐れられていたけれど、ほんとうは人間と仲良くしたいと思っていました。困った赤鬼が友達の青鬼に相談したところ、「よし、俺が一役かってやろう」ということになりました。青鬼はわざと人間とトラブルを起こし、そこに赤鬼が人間を助けに入る、という茶番を演じることになります。茶番は成功し、赤鬼は人間と仲良くなることができました。

こうして赤鬼は人間と仲良く暮らすことができるようになりましたが、青鬼のことが気になります。青鬼をたずねてみると、置手紙がありました。手紙には、「僕はこの村を去っていく。君はどうぞ村の人たちと仲良く暮らしてください」と記してありました。その手紙を読んだ赤鬼は、「どうして君は一人で行っちゃったんだ」と涙を流しました。

「友情」の資料としてたいへん有名な、定番の資料です。

凡庸な授業者であれば、「泣いた赤鬼の気持ち」になって、「赤鬼はなぜ涙を流したんでしょう」という発問に対して「青鬼君の友情がうれしかったからです」とか「青鬼君の思いやりが伝わったからです」と答えれば、一応この授業のねらいは達成できた、となったでしょう。

しかし、ここで予想外の展開が起きました。

赤鬼役の子どもが、「僕、このままには、したくない……」と言い始めたのです。

教師「それはどういうこと？」

赤鬼役の子ども「だって青鬼は、一人でこの村を去ってどこかに行ってしまったんでしょう？ほんとうの友達だったら、これで放っておくわけがない。僕が赤鬼だったら、絶対、青鬼を探しに行くと思う」

この発言で、教室の雰囲気は一変しました。「そうだ、そうだ」「僕だって、そうする」「私も」と言う子が次々と出てきたのです。ここが、教師の力量が試される場面です。
力のない教師であれば、「おお、君は面白い考え方をするね」と言って、一応聞いたふりをして、「じゃ、次に行こうか」と言って流してしまうでしょう。授業の流れをもとに戻して「赤鬼はどんな気持ちで泣いたのでしょう。涙の意味を考えようね」というふうに予め用意しておいた中心発問をもう一度、繰り返すかもしれません。
しかし幸いなことに、この授業者は、力量のある教師でした。

教師「それはそうかもなぁ……。それで、君はどうするの？」

この問いで、子どもの思考は自由に解き放たれました。この教師の問いは「問題解決的な道徳学習」の【ステップ８　問題状況突破への誘いの問い】の役割を果たしたのです。

赤鬼役の子ども「一人では無理だと思うから、友達を連れて青鬼を探しに行きます。ええと……紫鬼と白鬼と黒鬼とゴールド鬼と、みんなで青鬼君を探しに行く……」
教師「そうか、じゃあ、探しに行ってみようか」

読み物資料には登場していなかった紫鬼役、白鬼役、黒鬼役、ゴールド鬼役を新しく割り当てて、役割演技（ロールプレイ）を再開しました。

がんばってみんなで探した結果、やっと青鬼は見つかりました。

赤鬼役の子ども「どうして君、一人で行ってしまったんだ。僕たち友達なのに、水臭いじゃないか」

青鬼役の子ども「いや、僕は君のためを思って行ったんだよ」

そして子どもたちがみんなで話し合った結果、「やっぱり人間は人間、鬼は鬼で平和に暮らすのがいい」ということになりました。赤鬼も、人間たちと別れて、鬼の仲間と仲良く暮らしましたとさ……という予想外の展開が生まれたのです。

これが、子どもたちが自分でつくる授業です。ほんとうの意味での「友情」や「思いやり」は、こういう授業でこそ育つものでしょう。

この『泣いた赤鬼』という資料は、（『手品師』などと同様に）青鬼の自己犠牲的な行動が正しい行動であり、友情や思いやりによるものだという前提で書かれています。しかし、子どもたちの自由な発想は、この枠を越え出ていきました。「赤鬼が一人むせび泣いて終わる」という物語の展開に、「それは違う」と違和感を覚え、新たな、より生産的な（赤鬼も青鬼も、どちらも犠牲にならずにすむ）解決策を自力で紡ぎ出していったのです。

青鬼の自己犠牲的な行動は「自分一人で恰好つけて、何も話さずに一人で村から出ていく」自己愛的な行動と見ることもできます。子どもたちはそこに不健全なものを感じたのでしょう。

この授業を通して、子どもたちは「ほんとうの友情」とは何かを本気で自分で考えることができています。この資料では「君か、僕か、どちらかが幸せになる」、片方が犠牲にならざるをえないことを前提としているけれども、子どもたちはそれにNOと言うべきだと思ったのです。「自己犠牲」の精神で、どちらかが幸せになる方法を考えるのではなく、「みんなが幸せになるには、どうしたらいいか」その方法を考えたいと思ったのです。こうやって子どもたち自身が中心になって授業をつくりあげていき、教師はその補助役（ファシリテーター）に徹するのがほんものの授業だと、私は思います。

「自己犠牲の物語」への違和感を、子どもたちは自然に感じ取って発言してくれました。そこからダイナミックに授業が展開していったのです。

そして、こうした「子ども中心」の授業が可能となるためには、子どもの想定外の発言を拾い上げて真剣に考える教師の「アドリブ力」、そしてその展開を支える「ファシリテーション力」が必要になるのです。

第8章　心理学の手法を用いた「体験的な道徳学習」①
——エンカウンターを使った道徳授業

これからの道徳授業には、「体験的な学習」の要素を盛り込んだものが多くなってくるでしょう。道徳の授業に取り入れられている心理学的な「体験学習」の代表的な手法には、エンカウンター、価値の明確化、モラル・スキル・トレーニングなどがあります。まず、エンカウンターから説明しましょう。

◎エンカウンターとは

エンカウンターの正式名称は「構成的グループエンカウンター（Structured Group Encounter)」です。

いろいろな説明の仕方がありますが、私は「心と心のふれあい」による人間育成の方法だと説明しています。

エンカウンターの創始者は私の恩師であるカウンセリング心理学者、國分康孝先生です。エンカウンターは、國分康孝先生がアメリカから帰国後つくったオリジナルです。

教育現場に即した説明をするならば、現代の子どもにどうしても必要な二つの力、
①　自己肯定感を育てる（自分を好きな子どもを育てる）
②　子どもの人間関係の力を育てる
この二つの力を意図的、計画的、効果的に育てることのできる心理学的な教育方法がエンカウンターです。

平たく言うと、心と心のふれあいの場を意図的に設定し、それにより、子どもの心と人間関係を育んでいく心理学的な教育方法、それがエンカウンターなのです。

◎エンカウンターの基本的な流れ

構成的グループエンカウンターの基本的な流れは、以下のように考えられています。
〔1〕　ウォーミングアップ
〔2〕　エクササイズ
〔3〕　シェアリング

まず、ウォーミングアップでは、例えば「なんでもバスケット」のような活動性の高いエクササイズを行うことによって、場の雰囲気を柔らかくしていきます。

次に、エクササイズを行い、リーダーが指示をしていく実習に取り組んでいきます。

最後に、ワークシートに「今日の学習で感じたこと、気づいたこと」などを記入した後で、小グループや学級全体でそれについて語り合い、体験を分かち合っていきます（シェアリング）。

◎なぜ、道徳でエンカウンターか

エンカウンターは、学級活動の時間、算数、国語、美術などの教科の時間、そして総合的な学習の時間など、学校教育のさまざまな場面で応用が利きます。保護者会などで使うと、保護者同士の人間関係づくりにも有効です。エンカウンターは、きわめて汎用性に富んだ教育方法なのです。

最近、道徳授業のなかでエンカウンターを取り入れるケースをしばしば見るようになりました。私の見たところ、小学校高学年や中学校の教師に多いようです。

道徳の授業は、子どもたちの心を育てることを直接の目的として設けられている唯一の時間です。そしてエンカウンターは、さまざまな「心を育てる教育方法」のなかで、いま最も人気がある方法のひとつです。

そう考えると、道徳授業でエンカウンターの手法が用いられるのは、ごく当然のことだと思います。

エンカウンターを行うことで子どもの自発性が高まり、元気な発言が目立つようになります。「読み物資料を使って話し合いをするより、エンカウンターをやったほうが子どもたちがのってくれるんです」――エンカウンターを道徳で使う理由について、そんなふうに語る人が少なくありません。たしかにエンカウンターをやると子どもはイキイキしてきます。しかし、それだけでは、道徳でエンカウンターを行う理由として不十分です。

道徳でエンカウンターをやる以上、「ねらいとする価値」を意識しなくてはなりません。なぜ、道徳でエンカウンターを使うのか。エンカウンターを使うことにより、「ねらい」をより効果的に達成することができるからです。本来、「ねらい」は目的で、エンカウンターは手段（教育方法）であるはずです。本末転倒して、「エンカウンターのための道徳」にならないように注意しなくてはなりません。

では、道徳授業でエンカウンターを行うことにはどんな効果があり、どんな意味があるのでしょうか。道徳授業にエンカウンターを組み入れる利点は、どこにあるのでしょうか。

具体的には、次のようなメリットがあります。

〔１〕子どもが楽しく、イキイキと授業にのってくるようになる。
〔２〕道徳的価値の大切さを、観念ではなく、からだごとリアルに体験的に実感できる。

例えば、クラスの仲間でお互いのよいところを見つけ合い、探し合う「よいところ探し」とか「Ｘからの手紙」といったエクササイズを行うことで、子どもたちは、「そうか。僕には僕の、まさお君にはまさお君のいいところがあって、みんなのよさはそれぞれ異なるんだな。みんな、それぞれ違った自分のよさを伸ばし、生かしていくことが大切なんだな」と思います。「個性伸長」という価値を、まさに自分自身のこととして、体験的にいきいきとリアルに実感的に理解することができます。

心理学的な体験学習の方法であるエンカウンターを取り入れることによって、ねらいとする価値に「体験的に」（身をもって）迫ることができるのです。観念ではなく、体験によって、からだごとリアルに実感しながら学んだ道徳的価値だからこそ、生活のなかで生きたものになっていきます。

◎道徳でエンカウンターを行う場合の留意点

では、道徳の授業にエンカウンターを取り入れる場合に留意する点には、どのようなことがあるでしょうか。

①　ねらいを明確に意識する

そのエクササイズを行うことによって、どんな「ねらい」を達成しようとするのか。それを教師自身が明確に意識し、子どもにもハッキリと伝えることです。これをしないと、子どもの意識がねらいと外れた方向にいってしまい、何の学習かわからなくなる場合が生じてしまうのです。

具体的な工夫としては、ねらいをしっかり意識させるために、授業の導入で読み物資料を使ったりビデオを見せたりしてもいいでしょう。

あるいは逆に、まずエンカウンターのエクササイズを行い、多様な体験をさせることも考えられます。そのうえで、終末部分で読み物資料やビデオなどを使って、子どもの意識をねらいにビシッと定めるやり方もあります。

何度も言いますが、道徳授業の目的は道徳的価値の深い理解、感得にあります。エンカウンターなどの方法は、あくまでもそれを実現するための手段です。これを取り違えないことが大切です。取り違えてしまうと、「これは学級活動であって、道徳ではありません」と批判されたりします。

要は、授業の「ねらい」をはっきり意識したうえで、エンカウンターを含め、どんな手法をどんな順序で使えば、最も明確に「ねらい」を達成できるかを考えて授業を組み立てることです。これが道徳授業において最も大切な、忘れてはならない点の一つです。

②　ねらい、読み物資料と、エクササイズのつながりを考える

これまでに私は、エンカウンターを使った道徳授業をかなりの数、拝見してきました。そのなかで「これは失敗だ」と思わざるをえなかったケースの多くは、ねらいと資料、エクササイズのつながりが悪く、強引につぎはぎしたものでした。

読み物資料とエクササイズのつながりをよくするのは、かなりむずかしいことです。うまくつなげるポイントは、エクササイズによって子どもの意識がどのように動き、何が達成できるかを、メンタルリハーサルで明確につかんでおくことです。市販の教材に記してあるエクササイズの目的（例：自己理解、他者理解など）に惑わされず、実際にどのような体験が可能になるのか、具体的につかんでおく必要があります。

③　時間配分

読み物資料からエクササイズにつなげていく場合、読み物資料はあくまでも子どもの意識を

道徳的価値に向けさせるためのものとして、導入部分に位置づけることが重要です。一授業時間のなかで、資料を正確に読み取り、登場人物の心情に迫り、さらにエクササイズを行おうとすると、当然時間が足りなくなりますし、授業の焦点もぼやけます。

読み物資料とエクササイズのどちらが中心なのかを明確にしておくことが、授業の焦点を明確にするとともに、時間配分の調整のうえでも必要になってきます。

◎なぜ、「エンカウンターもどき」になってしまうのか

エンカウンターを形だけ真似した道徳授業をしばしば見かけます。何かゲームのようなことをしていれば、エンカウンターをしているつもりになる方も少なくありません。あるいは、エンカウンターの概説書に紹介されているさまざまなエクササイズをするだけで、エンカウンターをしているつもりになっています。

その多くは、「エンカウンターのようなもの」や「エンカウンターもどき」であって、ほんもののエンカウンターとは言えません。エンカウンターのうわべだけを真似したものにすぎないのです。

ではなぜ、「エンカウンターもどき」になってしまうのか。その理由は二つあるように思い

ます。

①　エンカウンターの本質を理解していない

一つは、「エンカウンターの本質」を理解できていないからです。すでに述べたようにエンカウンターの正式名称は「構成的グループエンカウンター」です。一九六〇年代にアメリカ西海岸で流行していたゲシュタルトセラピー（人間性回復運動のカリスマ的存在であったフリッツ・パールズが創始した、主体的な気づきを促すセラピー）にヒントを得て、私の恩師である國分康孝先生、久子先生ご夫妻が、アメリカから帰国後開発されたものです。

構成的グループエンカウンターとは何か。いろいろな説明の仕方があるでしょうが、私は、「心と心のふれあいによる人間育成の方法である」と端的に説明しています。

その背景にあるのは、人と人との「心と心のふれあいこそが、人の生きる意欲を生み出す。心と心のふれあいによって、人は、真実の人生を生きることができるようになるのだ」という実存主義の哲学です。

「心と心のふれあいこそが、人を育てる」。それが、エンカウンターの教育哲学なのです。

この哲学を理解することなく、エンカウンターのエクササイズを「形だけ」真似すると、ただの機械的な人間関係のトレーニングになってしまいます。それは、ソーシャル・スキル・トレーニングにはなっても、エンカウンターにはなっていません。

エンカウンターの背景にある哲学は実存主義existentialismです。一方、ソーシャル・スキル・トレーニングの背景にあるのは行動主義behaviourismです。この両者は、一九六〇年を中心に論争が展開された、相対立する真逆の思想です（この点に無自覚なまま、エンカウンターとソーシャルスキル・トレーニングを混ぜ合わせた実践をしばしば見受けますが、それは哲学なき教育実践、表面的なつぎはぎ主義の実践となりかねません。この点にはおおいに注意が必要ですが、ここではこれ以上立ち入りません）。

いずれにしろ、人と人との「心のふれあい」がベースになった人間育成の方法、それがエンカウンターの本質であることを押さえておきましょう。

② エクササイズ主義

エンカウンターをしているつもりが「エンカウンターもどき」になってしまうもう一つの理由は、「エクササイズ主義」と私が呼ぶものです。

エンカウンターを「とにかく、やってみました」「でも、うまくいきませんでした」と感想を述べる方が、ときおりおられます。うまくいかないのが当然です。この「とにかく、面白そうなエクササイズをやってみました」という発想を、私たちは「エクササイズ主義」と呼んでいます。

エンカウンターは人間育成の方法、教育方法ですから、当然ある「目的」をもって行われます。エンカウンターが効果を生むのは、「いま、クラスの現状は○○だから、△△のために、□□というエクササイズをやってみよう」という発想でエクササイズを行うときです。「こんな時、こんな理由で、こんな目的をもって、このエクササイズ」という発想でエクササイズをすることが必要なのです。

例えば、「クラス替え直後で、友達づくりに不安を感じている子が多いので、クラスメート同士の関係づくり（リレーションづくり）のために、エクササイズをしよう」とか、「二学期、これから行事が目白押しの時期なのに、クラスにまとまりがない。協力心を醸成するために、グループワーク的なエクササイズを行う」といったように、「なぜ、何のために、このエクササイズをいまやるのか」という自覚をもって実践していくことが求められるのです。

「なぜ、何のために」という「目的」を欠いたまま、ただ「このエクササイズ、面白そうだから」という意識でエンカウンターをしても、うまくいくはずがありません。目的をもってある教育方法が行われるとき、当然一本の筋が通っていて然るべきですが、それがないからです。道徳の授業でエンカウンターを行う先生の多くが「エクササイズ主義」に陥っています。

前述したとおり、「読み物資料を使って話し合いをするよりも、エンカウンターをやったほうが子どもたちのノリがいい」という理由で、エンカウンターを道徳で使っている先生が少なくないのです。これまで道徳授業にあまり関心がなかった中学校の先生方のなかにも、「エンカウンターでやるなら」と、道徳に関心を向け始めた方もおられます。それはそれで大きな意味のあることでしょう。

しかし道徳でエンカウンターを行う理由として、十分に説得力があるとは言えません。「何のために」道徳でエンカウンターをするのかという「目的意識」が欠如しています。

◎エンカウンターは、「道徳」のねらいとする「価値」を育むための「方法」

では、何のために道徳の授業でエンカウンターを使うのでしょうか。

それはエンカウンターが道徳の時間の「ねらい」を達成するために「有効な方法の一つ」だからです。

道徳授業の目的は、あくまで「ねらいとする価値」です。この「目的」を達成するために、さまざまな「方法」が用いられます。「方法」には「読み物資料を使った話し合い」、「教師の説話」、「モラルジレンマについてのディスカッション」、「ディベート的な話し合い」あるいは

「エンカウンター」などがありますが、いずれの手法を用いる場合でも目的は「ねらいとする道徳的価値」を育むことであることには変わりません。

目的達成に「有効な方法」としてこれらは用いられますから、あまり有効でないとみなされた方法は、しだいに用いられなくなっていくはずです。

あらゆる教科にその目的があるように、道徳の時間にも目的があります。繰り返しになりますが、「ねらいとする価値」が目的で、エクササイズは手段（教育方法）です。エクササイズそのものに目的があるわけではありません。

そこを本末転倒し、「エンカウンターのための道徳」にならないように注意しなくてはなりません。

◎子どもたちの意識を「ねらいとする価値」に定め方向づけること
――道徳でエンカウンターを行う授業の三つのパターン

道徳の授業でエンカウンターを行う際に重要なのは、子どもたちの意識を「ねらいとする価値」にしっかりと方向づけることです。このエクササイズを行うことでどんな「ねらいとする価値」を達成するのかを教師自身が明確に意識し、子どもにもはっきりと伝えることです。そうしないと子どもの意識がねらいと外れた方向にいってしまい、何の学習かわからなくなる場合があります。

「ねらいとする価値」に子どもの意識を方向づけるために、授業の導入で読み物資料を使ったり、インパクトのある映像を見せたりしてもいいでしょう。逆に、まずエンカウンターのエクササイズを行って、多様な体験をさせたうえで、終末部分で読み物資料やビデオ教材などを使うやり方もあります。

前者は、

> A式……授業の「導入」で読み物資料などで「ねらいとする価値」に意識を方向づけ→「展開」で、エンカウンターによる体験的な学習によって実感的な理解を深める

というパターン、後者は、

> B式……授業の「導入」で、エンカウンターによる自分自身にかかわる体験的な学習→「展開」や「終末」で、読み物資料などで「ねらいとする価値」に意識を定める

という方法です。

より簡単に言うと、

A式……読み物資料（価値への方向づけ）↓エンカウンター（実感を伴う体験学習）

B式……エンカウンター（多様な体験）↓読み物資料（ねらいとする価値に収束させる）

という二つの方法があるのです。

さらに言えば、

C式……読み物の「読み」を深めていく↓読み物資料の内容そのものをエクササイズとして展開していく

という方法もあります。

重要なことなので何度も言いますが、いずれの方式をとるにせよ、「道徳授業の目的はあくまで道徳的価値の深い理解、感得にある」のであって、エンカウンターなどの方法はあくまでそれを実現するための「手段」であることを忘れないようにしましょう。

要は、授業の「ねらいとする価値」をはっきり意識したうえで、エンカウンターを含め「どんな手法をどんな順序で使えば、そのねらいを最もよく達成できるか」を考えながら授業を組み立てることです。

これが、エンカウンターのみならず、どんな手法を使う場合でも、道徳授業において最も大切な点なのです。

◎道徳授業でエンカウンターを行うことのメリット
――体験的な道徳学習による「道徳的価値の実感的理解」

では、道徳授業でエンカウンターを行うことにはどんな効果があり、どんな意味があるのでしょうか。道徳授業にエンカウンターを組み入れることの利点はどこにあるのでしょう。何がどう変わるのでしょうか。

具体的にはこんなメリットがあります。

> ○子どもたちがよりイキイキと、授業にのってくるようになる

まず、何と言ってもこれがエンカウンターのよさです。子どもが楽しく、イキイキとした表情でのってくるのです。

次に、これです。

> ◯道徳的価値について、観念的な理解（頭による知的な理解）にとどまらず、体験学習をとおして、からだごとのリアルな「実感」をともなう理解が可能になる

これがエンカウンターを道徳の授業の「方法」として用いる最大のメリットと言っていいでしょう。

例えば、ブラインドウォークというエクササイズがあります。これを行うことで、目の見えない人の生活感覚をリアルに感じ取ることができます。

またクラスメートと互いのよいところを見つけ合い、探し合う「いいところ探し」とか「がんばりみつけ」「Xからの手紙」といったエクササイズがあります。これらを行うことによって、子どもたちは、「そうか。僕には僕の、まさお君にはまさお君のいいところがあって、みんなのよさはそれぞれ異なるんだな。みんなそれぞれの違ったよさを伸ばし、生かしていくことが大切なんだな」というように、「個性伸長」という価値をまさに自分自身のこととして「実感的に」リアルに理解することができるのです。

心理学的な体験学習の方法であるエンカウンターを取り入れることで、子どもたちはねらいとする価値にまさに「体験的に」（身をもって）「実感を伴って」迫ることができるのです。

「実感的な理解」は間接体験資料である読み物資料だけを使った授業では、なかなかできません。エンカウンターなどの体験学習で直接の体験をすることで、はじめて得ることのできる理解なのです。

エンカウンターに限らず、道徳授業に体験的活動的要素を組み込むメリットは、何といっても、ここ（「ねらいとする価値」の実感的理解）にあると思います。観念ではなく体験によってからだごとリアルに実感しながら学んだ道徳的価値だからこそ、生活のなかで生きたものになってくるのです。

また「間接的な、副次的効果」として、エンカウンターの体験をすることで実際に自分がどうすればいいか、そのスキル（技能）が身についてきます。ソーシャルスキル・トレーニングやモラルスキル・トレーニングなどはスキルを身につけるのが直接の目的ですが、エンカウンターではあくまで副次的効果です。

> エンカウンターを体験するなかで「道徳的スキル（モラルスキル）」がおのずと身についてくる

これまでの道徳学習の難点は、行動に結びつきにくいことでした。その理由の一つに、道徳授業はあくまで道徳的心情の学習なのだ、という固定的なイメージがあったことがあげられると思います。

たしかに道徳的心情の育成は大切です。例えば、身体が不自由な方に思いやりの心をもつ。このことなくしては、道徳学習は成立しません。しかし、いくら身体が不自由な方に思いやりの心で接したいと思っても、「どうすればいいかわからない」のでは、何もできないのです。そして、周囲の人の目を気にする日本の風土では、「気持ちはあっても、どうすればいいかわからない」から道徳的行動ができないという人が少なくないのです。

では、どうすればいいか。

道徳授業でハウツーの学習（スキル・トレーニング）まで行うべきだ、と私は提案したいのです。私たちの世代では、人間関係のノウハウは自然と身についたものですが、最近の子どもたちはそれを学ぶ機会が生活のなかにありません。

例えば、電車の中で、からだの不自由な人が立っている。席が空いているにもかかわらず、です。こんなとき「何とかしてあげたい」という気持ちは、多くの人がもつものです。でも、実際にどうすればいいか、何ができるかはむずかしい。「この人は、なぜ、立っているのだろうか。席が空いているのに気がつかないのだろうか。それとも、何かほかに、特別な理由があるのだろうか……」。

その答えは、本人にしかわかりません。だから「まず、声をかける」。ここから始めるしかないのですが、見知らぬ人にどう声をかけていいかわからない。そこで、多くの子どもはしり込みしてしまうのです。

こんなときどうすればいいかを、まず教室の中で体験学習による模擬演習をしながら学ぶこと。これが、実際に町中に出て、道徳的実践を体験する前段階として必要になってくるのです。

◎「資料」と「エクササイズ」の内容にズレはないか

先に示したように、エンカウンターを用いた道徳の授業には、三つのパターンがあります。

A式……読み物資料による「価値への方向づけ」↓エンカウンターによる「実感的な体験学習」
B式……エンカウンターによる「個性的で多様な体験」↓読み物資料による「共通のねらいとする価値」への収束
C式……読み物の「読み」を深めていく↓読み物資料の内容そのものをエクササイズとして展開していく

この中でも代表的な方式であるA式とB式において、「読み物資料の内容」と「エクササイズの内容」がぴたりと一致するかどうか、両者のあいだに「ズレ」はないかが、重要な問題となります。

率直に言って、私がこれまで見てきた「エンカウンターによる道徳授業」では、そこで使われている「資料」の内容と「エクササイズ」の内容がかみ合っていない場合が少なくありませんでした。これでは、エンカウンターによる体験が生かされません。

あるいは、A式で、せっかく読み物資料で「ねらいとする価値」に意識を方向づけても、エクササイズに入るときに、子どもたちの体験の流れ（意識の流れ）がブチッと切れてしまっていました。連続した一つの学習になっていなかったのです。

◎授業でエンカウンターを行う際のポイント

ほかにも、道徳に限らず、授業の中でエンカウンターを行う際の一般的な留意点として、次のような点を意識しておくといいでしょう。

①　教師によるノリノリのデモンストレーションと自己開示が決め手

エンカウンターを行うとき、だらだらとインストラクションをする方がいます。これでは、子どもたちの意識のモードも観念的なモードになってしまい、イキイキした体験ができにくくなってしまいます。

長々とインストラクション（言葉によるやり方の説明）をするよりも、そのままやればいいような、具体的なお手本（デモンストレーション）を心を込めて行うほうが、はるかに効果的です。

例えば、自己開示を伴うエクササイズの場合、教師が自らの体験についてイキイキ、ノリノリで話をすれば、子どもたちのなかにも「では、私も自分の体験を語りたい」という意欲が一気に高まっていきます。百の言葉による説明より、一つの心を込めたデモンストレーション（お手本）のほうが、はるかに効果的です。

言葉による説明（インストラクション）はできるだけ短く、明確かつ具体的に。それよりも、教師自身の心を込めたデモンストレーション（お手本）のほうが、はるかに効果的なのです。

②　「この時間は僕（私）の番」だと思える「安心できる時間」を確保すること

エンカウンターを行うとき、例えば「では五人で十五分間、○○というテーマについて話をしてください」と指示をしてしまうと、結果的に特定の子がずっと話し続けて、ほかの子はほとんど話ができない、ということになってしまいかねません。

エンカウンターのよさは、「自分の番」が回ってくれば、その時間は安心して自分の話ができることです。みんな聴き手に回って、僕（私）の話を邪魔せずに聴いてくれるという「安心感」のある体験ができることにあります。一人一人の子の「番」を守るように、教師が細かく仕切っていきましょう。

③「拍手」で安心感を与える

エンカウンターで自分の話をするとき、子どもは「自分の話は、ほかのみんなにどのように受け取られただろうか。おかしな奴だと思われないだろうか」と不安を感じているものです。

エンカウンターで重要なのは「安心して自分の話ができる雰囲気づくり」です。このためにぜひ活用してほしいのが「拍手」です。ある子が自分の話をする「番」が終わったら、ぜひ、「では、拍手!!」と教師が元気に明るく、あたたかい声で指示を出してほしいのです。

みんなからあたたかい「拍手」をもらえることで、多くの子どもは「僕（私）の話したことは、へんだと思われていなかった。そのまま、受け止めてもらえた」と安心するものです。

④　ワークシートの記入欄は短く
――ワークシートに記入する時間を「自分を見つめる時間」にするために

先生方の実践を見ていつも感じることの一つに、ワークシートの記入欄が長すぎる、ということがあります。

いまの子どもたちはテスト慣れしていますから、記入する欄をすべて文字で埋めなくてはいけない、という強迫観念に襲われがちです。ワークシートに記入する時間は、本来は「自分を振り返る時間」であるにもかかわらず、ともかく書き続ける「作業の時間」になってしまいます。これでは意味がありません。

私はワークシートの項目（例：今日の授業で気づいたこと、感じたこと）一つにつき、記入欄は「三行程度」に抑えるべきだと思います。そうすることで、「あ……三行しかない。……ここに書くべきことは何だろうか……」と、「自分の気持ちを見つめること」が必要になります。記入欄が短いほど、「ほんとうに感じていることは何だろう」と「集中して自分を見つめる時間」になりやすいのです。

⑤　キッチンタイマーではなく、ストップウォッチを使う

細かなことですが、意外と重要な点です。キッチンタイマーを使って、例えば「一人の時間

は、三分」と設定してしまうと、それに縛られがちになります。実際にやってみて、二分もあれば十分だということが様子から見て取れても、キッチンタイマーに縛られてアドリブがしにくくなるのです。

すぐれた教師は、アドリブで動く力のある教師です。エクササイズをしている子どもの様子を見て、「ちょっと長すぎたな」と感じたら即座に予定の時間より早く切り上げ、「これでは足りないな」と思ったら、時間を延ばすことができます。

こうした、アドリブでの柔軟な動きをしていくには、キッチンタイマーよりもストップウォッチを使うほうが、使い勝手がいいのです。

「エンカウンターを用いた道徳授業」実践例１
「読み物資料→エクササイズ」型（小学校低学年）

これは富山の水上和夫先生の実践例です。エンカウンターのエキスパートの先生が行った、「さすが」とうなる道徳授業です。この授業には、低学年の子どもたちにエンカウンターを行うときに踏まえたいエッセンスが、ギュッと詰まっています。［授業者：水上和夫　文献⑱　22～27ページ］

例えば資料の読みを深めるために、顔の表情が描かれたワークシートを用いています。このワークシートを使うと、自分が選んだ顔の表情のマークに丸をつけるだけでいいので、短時間で簡単に資料の読みと話し合いを深めていくことができます。読み物資料からエクササイズへと展開する、お手本のような授業です。

〔資料〕「羊飼いのいたずら」（『イソップ童話集』）あらすじ
① 一人ぼっちで退屈していた子どもの羊飼いが、「狼が来たぞ」と騒ぎ立てるいたずらを思いつきました。
② 羊飼いが大きな声で騒ぎ立てると村人は、狼を退治しようと集まってきました。
③ 羊飼いは面白くなり、何回注意されても同じいたずらを繰り返しました。
④ ある日、ほんとうに狼がやってきましたが、村人は誰も羊飼いを助けに出てきませんでした。

四つの場面での羊飼いの気持ちをワークシートの顔の表情を使って話し合います。特に④の場面では、誰も助けに来てくれなかったときの羊飼いの気持ちを考えさせ、自分の行いが招いた結果について、羊飼いがどのように思ったかを話し合うようにします。そして、誠実に生き

ひつじかいのいたずら

こどものひつじかい　や　むらのひとたち　は　どんなきもちだとおもいますか。きもちのかおに　○をつけましょう（二つ○をつけてもよいです）。

こどもの，ひつじかいが，ひつじのばんをしていました。いつもひとりぼっちで，とてもたいくつでした。 あるひ，おもしろいいたずらをすることをおもいつきました。	ひつじかいは	
ひつじかいは，おおかみがいないのに「たいへんだあ。おおかみがきた」とおおきな声でさけびました。 「おおかみはどこだ」 むらのひとたちは，おどろいて，いえのなかからとびだしてきました。	むらのひとは	
でも，おおかみはいません。 おもしろくなったこどものひつじかいは，おなじいたずらを，三どもくりかえしました。 そのたびに，むらのひとは，いえのなかからとびだしてきました。	ひつじかいは	
あるひ，ほんとうにおおかみがきました。 「わあっ。ほんとうに，おおかみがきたぞう」とさけびました。 でも，こんどは，むらのひとは，だれもたすけにきてくれませんでした。	ひつじかいは	

ることの大切さを十分に考えさせるのです。

次に授業の具体的な流れについて説明しましょう。

○エクササイズ名……○○さんの「しょうじき」に拍手

○内容項目　1―4　誠実・明朗

○展開の大要

導入部分では、嘘をつくとどんな顔になるかを話し合います。ワークシートにあるような「面白い」「うれしい」「退屈」「困った」「怒った」「泣いた」顔の絵を用意して、児童の発言に応じて黒板に貼っていきます。

そして展開では、資料「羊飼いのいたずら」を読んで話し合います。羊飼いがいたずらをしたとき、どんな顔かということに焦点を当て、退屈している羊飼いの気持ちに気づかせていきます。

展開の後半では、狼がいないとわかったとき、村人はどんな顔になったかを考えさせます。そしてほんとうに狼が来たのに誰も助けに来てくれなかったとき、羊飼いはどんな気持ちになったかを考えさせます。自分の行いが招いた結果について、羊飼いがどう思っているかを話し合います。そして、嘘をついたり、ごまかしたりすると相手が嫌な気持ちになることや、自分もすっきりした気持ちになれないことを話し合います。

終末の段階で、エンカウンターのエクササイズ「○○さんの『しょうじき』に拍手」を行います。正直に言ってよかった経験を友達に話し、拍手や励ましをもらうことで、正直にすることの良さを実感するわけです。

○エクササイズ「○○さんの『しょうじき』に拍手」

正直に言ったことや、そのときの自分の気持ちをグループの友達に話し、拍手や励ましをもらうことで正直にすることのよさを実感します。

〈手順〉①ワークシートに、いままでに自分が正直に言ってよかったことを書く。

②三～四人のグループをつくる（生活班など既存のグループでよい）。

③グループでの発表の仕方や話の聞き方等、活動の仕方を知る。

④それぞれのグループで自分がワークシートに書いたことを順番に友達に話す。

⑤ほかの子どもは、聞き終わったら「よかったね」「えらいね」「がんばったね」等励ましの声をかけて拍手する。

⑥全員が話し終わったらグループで感じたこと、気づいたことを語り合う。

「エンカウンターを用いた道徳授業」実践例2
「エクササイズ→読み物資料」型（小学校中学年）

エンカウンターには、
・読み物資料でまず価値を押さえてから、エクササイズにいくパターン
・エクササイズを体験した後に、エクササイズで実感された価値を読み物資料で押さえるパターン
という二つの流れがあります。この資料は、エクササイズから読み物資料に展開していく授業の、お手本と言えるものです。
しかも「よいところ探し」という、エンカウンターを代表するエクササイズを用いており、そこから読み物資料での学習へと展開する、一つのモデルとなる授業になっています。［授業者：水野生康　文献⑱　48～51ページ］

○エクササイズ「よいところビンゴ」

よさを自分で見つけたり、友達から見つけてもらったりするエクササイズです。

〈手順〉①ワークシートに自分の名前を書き、十字マスに、自分のよいと思うところを書き込

む。

②時間を区切って、教師の合図でグループの友達に回す。

③友達のシートが回ってきたら、その友達のよさを書き込み、シートを裏返す。

④シートが一巡したら、自分のシートを受け取り、教師の合図で表を向ける。

⑤ビンゴに書いた内容と、シートに書いてもらった内容を照らし合わせ、ビンゴが成立したかどうか確認する。

○内容項目　1―5　個性伸長

○ねらい……自分の特徴に気づき、よいところを伸ばそうとする気持ちをもつ。

○展開の大要

導入段階でエンカウンターを行う実践です。エクササイズ「よいところビンゴ」に取り組み、ワークシートに自分のよいところや友達のよいところを書き込みます。自分のワークシートに書かれた内容を、それぞれ各自で読みます。感じたことを話し合います。

展開では読み物資料を扱います。

〈資料〉「うれしく思えた日から」（『小学校道徳読み物資料集』文部科学省、二〇一一）あらすじ

> 　この資料は、自分にはよいところなんて一つもないと思っていた主人公が、体育の時間のソフトボール投げで好記録を出し、クラスのみんなからほめられたことがきっかけで、これまで気づかなかったよいところを発見するという内容です。そのよいところを生かして野球チームの練習に参加しがんばり続け、よいところを伸ばすという話です。練習が苦しいとき、みんながほめてくれた言葉を元気のもと「おまじないの言葉」として思い出し、がんばり続ける主人公。おまじないの言葉をいつも思い出し、よいところをたくさん伸ばすことができた主人公は、次の大きな夢に向かって、元気を出すのです。

　この資料を教師が読み聞かせ、主人公の気持ちを話し合います。ボール投げでみんながほめてくれたとき、おまじないの言葉を思い出したとき、いろいろできるようになってきたとき、それぞれのときに主人公がどんな気持ちであったかを確認させます。

　主人公の気持ちについて問うていくという、道徳授業の基本的な流れを押さえているわけです。

　終末の段階では、「みんなにとって、おまじないの言葉は……？」と問いかけて、今日の学習でわかったことを「主人公への手紙」に書かせます。

　例えば、ある子どもは「私は字が上手。いままで、このよいところを伸ばそうと努力してこ

〈ワークシート〉

よいところビンゴ

名前《なまえ》（　　　　　　）

☆いちばん上《うえ》のマス（①のマス）に自分《じぶん》のよいところを書《か》きましょう。

☆よこと下《した》のマス（②～④のマス）に友達《ともだち》のよいところを書《か》きましょう。

〈れい〉

・生《い》き物《もの》のせわをよくする。
・当番《とうばん》の仕事《しごと》をいっしょうけんめいする。
・こまっている人《ひと》に親切《しんせつ》にする。

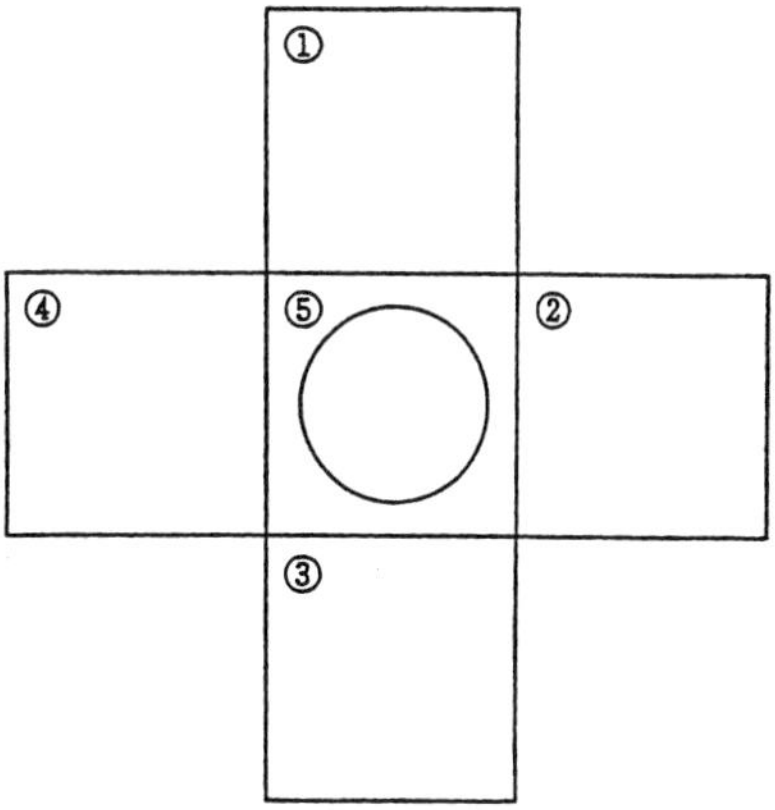

なかった気がする。これからは、もっともっと練習したい」とか、別な子どもが「私にもよいところがあるとわかった。これからはこれを自信に、ほかのことにもがんばりたい」と答えています。

「エンカウンターを用いた道徳授業」実践例3
「体験学習」による価値実感型の授業（小学校低学年）

エンカウンターの何がいいかというと、体験学習であることです。心理学的な「体験学習」では、体験的に価値を実感しながら学ぶことができます。つまり頭だけの机上の学習ではなくて、実際にエクササイズなどの体験をすることを通して、体験的に、実感的に学ぶことができるところにエンカウンターの良さはあるわけです。

注意したいのは、文部科学省でいう特別活動や総合学習における「体験」としばしば混同されてしまうことです。エンカウンターを「体験学習」と言う場合、もともと心理学で使われていた「心理学的な体験学習」という意味で用いられています。文部科学省とは違う意味で「体験」という言葉が使われていることに注意しておきましょう。

次に紹介する授業は、「『いのち』を『たまご』で感じよう」という授業です。［授業者：村田正実　文献⑱　36～39ページ］授業者は千葉大学附属小学校の村田正実先生です。非常にユニークで興味深い授業を、次から次へと実践している先生です。

エンカウンターを道徳の授業に導入する利点は、なんといっても「言葉による観念的思考」

に終始することなく、「体験学習によって、からだごと実感（体感）して学ぶ」ことができる点です。この授業のエクササイズ「たまご」も、子どもたちが「たまご役」と、誕生を「見守る役」を体験することを通して、文字どおり「生まれることの喜び」をからだごと感じることができる内容になっています。「むずむずしてきた」「早く生まれたい」という子どもたちの言葉が、生まれる喜びを実感していたことを示しています。

導入で「読み物資料による価値の方向づけ」を行ったうえで、展開で「エンカウンターのエクササイズによる体験学習」へとつなげたパターンの好例となっています。

○**内容項目**　3—1　生命尊重

○**ねらい**……生まれてくるいのちの神秘と尊さに気づく。

○**エクササイズ名**……たまご

○**展開の大要**

まず導入の段階で資料を読みます。

〈資料〉『いのちのまつり　ヌチヌグスージ』草場一壽（サンマーク出版、二〇〇四）あらすじ

沖縄でお墓参りをしたコウちゃんはオバアにご先祖様のことを聞きます。オバアは父母の話からご先祖様のことを教えてくれました。そしてコウちゃんはご先祖様が数え切れな

いほどいること、そしてそのご先祖様の誰が欠けてもコウちゃんは生まれてこなかったことを知ります。いのちがつながっていま自分は生きているのです。

展開の段階でエクササイズを行います。

まずはエクササイズ「たまご」について説明します。「たまご役」を一人決めます。エクササイズ「たまご」は、いままさに生まれようとするたまごを、その内外から疑似体験する活動です。

たまご役の子どもは、椅子に頭をつけて体を丸めて固まらせます。初めにどんなたまごかを決めてもよいけれども、決めずに進めてもよいこととします。周りで見守る家族の役は、たまごに声かけをします。一分と三十秒の、二回ワンセットで行います。一回ごとにミニシェアリングを行います。時間によりたまご役を変えて、数回繰り返します。

エクササイズを行った後にシェアリングに入ります。シェアリングではたまご役をやってみて感じたことを、どんなことでもいいから発表します。

終末では、この時間のまとめとして振り返りを行います。簡単なワークシートを用意しておきます。いのちが宿り、この世に生まれてくる瞬間を疑似的に体験することで、生命の神秘とその尊さについて実感的に気づいていくことができます。

「いのち」の授業は、あらゆる道徳授業の最も根底にある価値として、きわめて重要な価値です。「いのち」という価値は、あらゆる道徳価値の根底に存在するものとして、最も重要視されるべき価値です。「いのち」の価値をまさに生き生きとからだごと実感することのできる素晴らしい授業の例と言えるでしょう。

このようにエクササイズによる体験学習を通して、実感的に価値を学習させることができるのが、エンカウンターを使った道徳授業のよい点です。ほかにいのちについて体験的に実感させる授業の手段としては、例えばゲストティーチャーとして妊婦さんに来てもらって、妊婦さんのお腹に聴診器をあてて赤ちゃんの心音を聞かせるというのもあります。妊婦さんを呼ぶのがむずかしい場合には、赤ちゃんの心音を録音しておいてもらって、授業の導入場面で「これは何の音ですか」とまず音だけを聞かせます。そして「お母さんのお腹の中で、赤ちゃんが息をしている音」「赤ちゃんの心臓の音」といったようなことを、子どもたちに発表させます。

こんなふうに体を動かすとか、聞くとか、見るなどして、五感を通して、実感的に価値を学習させることがいのちの授業ではとても重要です。

「エンカウンターを用いた道徳授業」実践例4
悩み事を友人に相談して解決する授業（中学校）

この実践例は、「悩み事を友人に相談して解決する」という中学校での事例です。エンカウンターを用いた授業として紹介されていますが、問題解決学習としても使うことができる、とてもいい授業だと思います。［授業者：古賀新二　文献⑲　18～21ページ］

この授業はエクササイズ「こちらお悩み相談室」を行うことで、お互いの悩みを語り合い、アドバイスし合うものです。

○内容項目　1―2　強い意志

○ねらい……互いの悩みの解決について考え合うエンカウンターを通して、悩んでいるのは一人ではなく、誰もが似た境遇のなか、目標達成に向けて努力していることを知る。

○エクササイズ名……こちらお悩み相談室

○展開の大要

導入段階では、本時の学習内容を教えます。まず教師が「焦り」「不安」といった文字を黒板に書き、誰の悩みなのかを想像させます。受験生らしい悩みであるということに気づかせる

ワークシート

私の悩み　　　　　　　名前（　　　　　　）

解決法および励ましの言葉

わけです。

次に展開部分で、エンカウンター「こちらお悩み相談室」を行います。ワークシートにお互いの悩みを書き出して、お互いの解決策や励ましの言葉を書き合うエクササイズです。

四人一組でグループをつくり、ワークシートにそれぞれ受験に関する悩みを三つまで書きます。次に一人三分ずつ、時計回りに悩み解決（目標達成）に向けたアドバイスを書き込んでいきます。その際、次の四つの約束事を書きます。

① 批判的なことは書かないこと。
② ほかの友達のアドバイスへの相乗りは可であること。
③ 質より量を重視すること。
④ アドバイスがむずかしい場合はあきらめないことの大切さや励ましの言葉を書くこと。

そして進め方やルールの確認を行ってから四人一組で活動します。

まず教師が相談員の役を演じて、デモンストレーション（お手本）を示します。エンカウンターを使った道徳授業では、やはり教師によるデモンストレーション（お手本）が、とても重要な役割を発揮します。次に四人一組で活動を始めます。お互いの悩みにアドバイスや励ましを送るエクササイズを行います。

展開の後段では、資料「目標は小刻みに」を読みます。

〈資料〉「目標は小刻みに」下村湖人『中学生の道徳1』（廣済堂あかつき、二〇一三）あらすじ

苦手なマラソンに参加した筆者が、何度もくじけそうになりながら、自ら小刻みな目標地点を設定することで完走し、自己の目標を達成するという話です。手が届きそうな目標を見出し、達成していく喜びがさらなる目標をめざす原動力となるのです。そういうことを再認識できる資料です。

この資料を読んだ後に、マラソンを受験勉強に置き換えて、似たような経験がなかったか、問いかけてみます。

終末の段階ではエンカウンター「こちらお悩み相談室」の体験を踏まえて、本時の主題「あきらめない自分になるために」について自分の考えをワークシートに書かせます。時間が許すかぎり数名に発表させ、拍手を送ります。最後に教師の感想や体験談を話して終わります。

第9章　心理学の手法を用いた「体験的な道徳学習」②
――「価値の明確化」方式の道徳授業

◎「価値の明確化」とは

「価値の明確化」は、一九七〇年代から八〇年代前半にかけて、アメリカの道徳教育において最も大きな影響力を及ぼしたアプローチです。

品性教育（character education）やコールバーグ（Kohlberg.L.）の道徳性の認知発達論などと並んで、アメリカの道徳教育三大潮流の一つと呼ばれることもあります。

品性教育がアメリカ国民として身につけるべき美徳の内面化を図り、コールバーグのアプローチが道徳性の認知的側面、日本の道徳教育になじんだ言葉で言えば、道徳的判断の力を養うことに焦点を当てるのに対して、「価値の明確化」では、より人間の感情的な側面に焦点を当てます。

その理論的根拠は、欲求の階層説のマズローやカウンセリングのロジャーズなどで知られる人間性心理学（humanistic psychology）、特にその「自己実現」の理論です。

では「自己実現」とは何か。

一言で言えば、自分がより自分らしくなっていくことです。

自分の内面の心の声を聴いて、心のメッセージに従って生きていくこと。

それが「自己実現」です。

「価値の明確化」では「自己実現」をめざすのです。ほかの人（親や教師）の期待に沿うように生きるのではなく、自分がほんとうに生きたい生き方をしていく、その援助をするのです。

では、自分が自分らしい生き方を実現するために、必要なことは何か。

それは、何が「自分らしさ」なのかに気づいていることです。

自分がどんな生き方をしたいのか、何を大切にして（価値づけて）生きていくのか、そのことを意識しつつ、自覚的に生きていくことです。これを支援していくのが「価値の明確化」です。そのため「価値の明確化」は「自己の明確化」であるとも言われます。

ここで重要になるのが「気づき」ということ。Awareness（アウェアネス）。日本語に無理に訳すと「気づき」「覚醒」「目覚め」「意識」「自覚」といった訳が当てはまり、実際、心理学の分野でもこれらのさまざまな訳語が文脈に応じて使い分けられているのが実情です。

このアウェアネス、つまり、気づきが最も重要だとこの立場では考えます。

自分が何を大切にしているか（価値づけているか）を明確にし、そのことに気づき、自覚的に意識性の高い生き方をしていくこと。これが、周囲に流されないほんとうに自分らしい生き方を実現していくためには、どうしても必要なことなのです。

そのため、この立場では、「価値の内面化」ではなく、すでに、暗黙のうちにその人の心のうちにある「価値」を「明確化（自覚化）」していこうとするのです。この立場が「価値の内面化」ではなく「価値の明確化」という名称をもつのは、そのためです。

◎「自分づくり」という課題

価値が多様化し、情報が氾濫するこの現代社会を生きていくうえで、必要になる力とはどんな力でしょうか。

第一に求められるのは多様な価値と情報のなかから、「自分の生き方を選び取る」力、「自分の人生を自分でつくりあげていく」力、これだと私は思います。

現代社会は、「価値多様化の社会」であり「情報社会」であるといわれます。これは言い換えると、どう生きるべきか、どう生きればよいかを社会のほうから教えてくれない時代だということです。

かつての安定した社会であれば、どう生きるべきか、どう生きればよいか、黙っていても社会のほうから差し出してくれました。「生き方のモデル」自体、そんなに多くはなかったのです。

けれども現代社会は違います。あまりにモデルが多すぎて、どれを自分のモデルとして選べばいいのか、わからなくなるくらいです。この多様な価値と情報が溢れる現代社会を生きていくうえでますます必要になってくるのが、そこから自分の生き方を「選びとっていく力」です。「自分の人生をつくりあげていく力」「自分の生き方を自分でプロデュースし、自分の人生の主人公になっていく力」と言ってもいいかもしれません。

もちろん「選ぶ」といっても、ただ何となく、成り行きにまかせて選ぶだけではダメです。ここが大切なのですが、主体的に自覚的に選ぶこと、「自分はこれを選んだのだ」という実感と、深い納得を伴って選ぶ必要があります。それがないと、「僕（私）は自分の人生を生きている」という実感をもって生きていくことが、たいへんむずかしい時代になってきているのです。

「価値の明確化」では、こうした主体的自覚的な選択による「自分づくり」を支援していくのです。

◎「価値の明確化」方式の授業の基本パターン

「価値の明確化」方式の授業には、いろいろな方法があります。読み物資料を使う授業もあれば、使わない授業もあります。エクササイズ（体験学習の実習）を行って、自分や自分の価値についての気づきを高めていくタイプの授業もあります。

しかしその基本型と言うべきものは、「価値のシート」というワークシートを使って、じっくり自分自身を見つめ、次に小グループでの話し合いを軸に授業を展開していくスタイルです。私の見るところ、このスタイルが、「価値の明確化」の考えをベースに据えながら、日本の小・中学校において最も無理なく実践できるやり方です。

まずこのスタイルの授業について紹介しましょう。

「価値の明確化」方式の授業の基本パターン

① 導入：資料（写真、絵、統計的資料、読み物資料など）を提示して、子どもの思考を刺激する。

② 展開(1)：一人でじっくりと「価値のシート」に取り組ませる。子どもの自問自答を刺

激して内的な価値のプロセスを促進し、自分や自分の価値についての気づきを深めさせる。
③　展開⑵：小グループでの「聴き合い」。意見を闘わせるのではなく、それぞれの考えを認め合い、理解し合うことを目的とする。「質問タイム」を設けて、相互理解を深める。グループでの結論は出さずに、それぞれが選択した価値を認め合わせる。
④　展開⑶：小グループで出た意見をクラス全体で共有する（シェアリング）。多様な考えに直面させることで、思考を刺激し、視点の幅を広げる。
⑤　展開⑷：もう一度、一人でじっくりと「価値のシート」に取り組ませる。自分が選んだ価値とそれを選んだ理由を改めて自己吟味させる。
⑥　終末：今日の授業で、「気づいたこと」「感じたこと」「学んだこと」「新たに知ったこと」「自分がこれからしようと思うこと」などを「振り返りシート」に記入させる。何人かに発表させる。

説明します。
②「展開⑴」のところに、「価値のシート」という耳慣れない言葉が出てきます。「価値のシート」とは、子どもの思考活動を刺激する一連の質問（例：十年後には、どんな自分になって

いたいですか）が掲載されているワークシートのことです。

子どもは一つ一つの質問に答えるため、じっくりと自問自答していきます。「自分はどんな人間か」「何を大切にしているか」「またそれがなぜ大切だと思うのか」といったことをじっくり吟味していくのです。だから、よく練られた「価値のシート」には、それに答えていくだけで自ずと自己理解を深めていくことができる工夫が施されています。

「価値の明確化」では、子どもに「書かせる」作業をたいへん重視しているのです。子どもが自分の頭でじっくり考えるという内的作業を促進するうえで、「書く」ことはたいへん大きな効果があるからです。そしてこの「書く」ことによる思考過程の促進において、中心的な役割を果たすのが「価値のシート」です。しかし「書く」作業に終始するわけではありません。

③「展開(2)」では、シェアリング、考えたり感じたりしたことを小グループで「聴き合い」「分かち合って」いくのです。ここで「話し合い」と言わず「聴き合い」という言葉を使っているのは、その目的が、意見を闘わせることではなく、お互いの感じや考えをよく理解し合い、分かち合うことにあるからです。

一人一人の考えを、お互いに理解し認め合う。そんな受容的共感的な人間関係を小グループの中につくりあげるのです。それにより子どもたちは、「何を言っても誰にも笑われない」という安心感をもちながら自分の考えを言えるとともに、そんな雰囲気のなかで自分の考えを語ることを通して、さらに自分の考えを深めていけます。

小グループでの「聴き合い」は、具体的には次のように進めていきます。四～五人からなる小グループをつくらせて、それぞれの考えを発表させます。言いっぱなしにならないように「質問タイム」を設けて、お互いに質問したり、確認したりさせて、それぞれの考えとその理由をよく理解し合えるようにします。

ここで重要なのは、討論になったり、相手を傷つける質問はしないように注意することです（禁止例：よしこさんは「有名になりたい」と言っているけれど、よしこさんのような～な人が、有名になんてなれるわけないんじゃないですか）。質問の形をとった攻撃や非難はしないよう、あらかじめ厳重に注意しておくことが必要です。自分の夢や願望を正直に語ったばかりに攻撃にあうようなことがあれば、その子どもは、相当な心の傷を受けてしまうからです。そうならないために、次のような「聴き合い」のガイドを掲示しておくといいでしょう。

「聴き合い」の手引き

質問「～についてもう少しくわしく話してください」
「～というのは、例えばどういうことですか」
「～についてはどう思いますか」

「～と考えているのは、どうしてですか」

確認「○○さんは、～と思っているわけですね」

「○○さんの言いたいことは、～ということでいいですか」

感想「○○さんの～というところがいいと思いました」

「○○さんが～と言ったことに、なるほどと思いました」


小グループでの話し合いの後は、「④展開⑶」でクラス全体での体験の共有に進みます。

小グループでの話し合いのよさは全員が発言できるところにあります。しかし人数が少ない分、聞くことのできる考えが限られるデメリットもあります。これを補うためにクラス全体での話し合いを行い、それぞれのグループでどんな考えが出されたかを分かち合うのです。

全員の考えがわかったら、それぞれの考えについて質問をし、答えてもらいます。自分のグループでは出なかった考えを知って刺激され、思考が活性化するかもしれません。

小グループ、クラス全体の二つの話し合いに刺激を受けたうえで、もう一度、一人で価値のシートに取り組みながら、じっくり自問自答する時間を設けます（⑤展開⑷）。前の考えと変わった人は、自分の考えがどう変わったか、またその理由は何かを明らかにします。最初の答えと変わらなかった人も、改めて自分の考えとその理由を問い確かめていきます。

最後に「振り返りシート」や「道徳ノート」を配り、その授業で「感じたこと」「気づいたこと」「学んだこと」「新たに知ったこと」「これからしようと思うこと」などを記入させ、さらに何人かに発表させて授業を終えます。

このような体験学習型の授業では、そこで体験したこと学んだことの意味について、じっくり振り返る時間をもつことが、日常生活での定着につながりやすいのです。

要約しましょう。「価値の明確化」方式の授業では、

1　一人での作業（ワークシートへの記入による自分との対話）
2　小グループでの分かち合い。「聴き合い」活動
3　クラス全体での分かち合い（シェアリング）
4　一人での作業（振り返りシートへの記入による自分との対話）

の四つのステップで進んでいきます。それにより、子どもたちが自らを振り返り、自分の生き方を明確化させていくのです。

「『価値の明確化』方式の道徳授業」実践例
授業「しあわせってなに」（小学校五年生）

小学校五年生を対象に行われた授業「しあわせってなに」を紹介します。［授業者：樋口雅也　文献②　84〜93ページ］

①　**まず「導入」部分で、「あなたはどんなときに『しあわせ』を感じますか」と問いかけ、何人かの子どもに発言させた後、資料「しあわせ」を配布して読む**（資料の詩の最後の部分は終末で提示するために、最初に配布する分からは除いておく）。

資料のもとになっているのは外国の詩を翻訳した絵本です。「しあわせってなに」と自問自答しながら、それに答えていくプロセスがうまく表現されています（レイフ・クリスチャンソン著　にもんじまさあき訳『しあわせ』岩崎書店　一九九五）。

この詩には（配布しない最後の部分を除けば）「しあわせって何」という問いに対する十四の仮の答えが示されています。「勝つこと」「ベストをつくすこと」「なにかをやりとげること」「なにかに取り組みはじめること」「つぎつぎと成功をおさめること」「できないとあきらめていたことをやりとげること」といった答えです。

②　まず子どもたちに「自分にとってしあわせとは何か」を自分一人でじっくり考えながら、詩に書かれている十四の答えの中から、自分の「しあわせ」についての考えにぴったりくるものを選ぶように指示する。十分に時間をとって自問自答させながら、選んだ答えの理由も考えさせる。

そしてその結果を「ワークシート」に記入させていきます。ここで大切なのは、項目の中に「その他」を必ず設けておくことです。

ポイントは「自分にとってしあわせとは？」と自問自答していくことにあるのですから、たまたま資料に書かれている十四の答えに子どもの思考を制限する必要はありません。「自分にとってしあわせって、こういうことかな」という答えがひらめいたら、それを書けるようにしておくのです。

この授業では、「理想の友達ができること」「仲の悪かった友達と仲直りできること」などと書いた子どもがいました。

③　次に小グループ（四人程度）での聴き合い活動に移る。

「質問タイム」を設け、まずAが自分の考えを話し、それに対してBが「Aさんが言いたいのは～ということですか」と聞き、続いてCが「Aさんは～と思っているんですか」と聞いていきます。こんなふうに、できれば全員が一言ずつ、Aの考えについて理解を深めるための共

「しあわせ」ワークシート

名前

1．あなたが考える「しあわせ」は、どんなことですか？

あなたが考えるしあわせ	理　由

2．聴き合いのようすをメモしましょう。

＊聴き合いがひととおり終わったら、自分の考える「しあわせ」から最もはなれていることを選び、聴き合いをしてみましょう。

3．今日の学習をふり返ってみましょう。

〔どんな意見が心に残りましたか〕

＿＿＿＿＿＿＿君・さんの　＿＿＿＿＿＿＿＿＿＿＿＿＿＿＿という意見

＿＿＿＿＿＿＿君・さんの　＿＿＿＿＿＿＿＿＿＿＿＿＿＿＿という意見

〔今日の学習の感想を書きましょう〕（考えが変わったこと、自分について考えたことなど）

感的な質問をしていきます。

Aの番が終わったらBが発表し、Bの番が終わったらCが発表する、という順序で進めていきます。一巡し終わったら全員で思ったこと、感じたことを話し合います。あくまで共感的に理解することが目的であって、討論したり相手を非難したりするためのものではないことを周知させておく必要があります。

また、小グループでの聴き合いのとき、教師がグループを回りながら、共感的な聴き方のモデルを示すつもりで、子どもの発言に応答していくとよいでしょう（例：「なるほど、～さんは、～しているときがいちばんしあわせを感じるんですね」）。

④　小グループでの聴き合いが終わったら、クラス全体での体験の分かち合い（シェアリング）を行う。

まず、すべての項目を黒板に示しておき、全員に自分の選んだ項目のところにネームプレートを置くように指示をします。全員が置き終えたら、特に自分たちのグループでは話題にならなかった考えを取り上げて、質問を交換させます。それにより、子どもの考えの幅を広めるのです。必要に応じて教師から質問し、論点を広げたり絞ったりしていきます。友達の考えを聞いているうちに、考えの変わった子がいれば、ネームプレートを動かします。

この授業では「ひとりぼっちで悲しいときにだれかが気づいて心配してくれること」を選ん

だ子がいちばん多く、九名（男子二名、女子七名）いました。次に多かったのが「あきらめていたことをやりとげる」で七名（男子五名、女子二名）。ほかに「欲しいものを探し求める」（五名：男子〇名、女子五名）、「欲しいものを手に入れる」（四名：男子四名、女子〇名）といった項目を選んだ子どもが多くなりました。

「王様のように思いのままにできる」を選んだ子も一名（男子）いて、理由をたずねると「王様みたいになれたら、かっこいいから」というものでした。もちろん、この答えもそのまま認めます。

また、このように項目によってそれを選ぶ男女の比率がかなり違います。したがってネームプレートも男女で色を変えておくと、後で授業を振り返るときの参考になります。

⑤　もう一度、一人で「価値のシート」に取り組ませる。

「自分は何を大切にしているか」「何にしあわせを感じているか」をもう一度じっくりと考えさせます。考えが最初と変わった人は、その理由をシートに書いておくように指示します。

⑥　終末では、最初に資料から除いておいたこの詩の最後の部分をゆっくりと読み聴かせる。

「価値の明確化」方式の授業における「聴き合い」にも、やはりそれ独自の特徴とポイントがあります。以下にそのポイントを三点あげておきます。

まず強調しておかなくてはならないのは、グループでの結論は出さないということです。

「価値の明確化」の主眼は、あくまで一人一人の子どもの内的なプロセス（思考や感情のプロセス）の促進にあります。小グループでの聴き合い活動の目的も、この内的プロセスに刺激を与え、促進することにあります。グループで結論を出すことは必要でないばかりか、子どもが自らの内的プロセスを押し進めていくうえで、妨げになってしまうのです。

次に指摘しておくべきことは、「討論」にならないようにすることです。

「聴き合い」活動の目的は、あくまでお互いの考えをよく理解し合うことにあります。相手を論破したり打ち負かしたりすることは必要ではありません（だから「討論タイム」ではなく「質問タイム」なのです）。

ほかの子どもの考えを知って刺激を受け、自発的に自分の考えを変えることはもちろんあっていいことですし、歓迎されるべきものです。けれども、ほかの子どもの選んだ価値を否定したり攻撃したりする雰囲気は、避けなくてはなりません。

最後に指摘しておくべきことは、多数決原理に流されないということです。子ども同士の話し合いでは、多数派の考えに少数派の子どもが押されてしまい、よく納得しないまま多数派に同調してしまうことがしばしばあります。

しかし「自分づくり」を目的とするこの方式の授業で大切なのは、あくまで自分でより納得のいく答えを探すことであって、グループで結論を出すことではありません。したがって、多数決や、ましてやジャンケンなどによってグループの結論を強引に出し、そのために個々の考えがつぶされることがあってはいけません。

「価値の明確化」方式の授業のテーマは、あくまで一人一人の「自分の生き方」に関することです。自分がどう生きるかをグループの話し合いで決められたり、多数決で決められたりしたのではたまりません。それは、一人一人違っているのが当然なのです。

「価値の明確化」は、人々の多様な自己選択、多様な生き方を認める成熟社会でこそ求められる教育方法と言えるでしょう。

第10章　心理学の手法を用いた「体験的な道徳学習」③
――モラル・スキル・トレーニングを使った道徳授業

これからの道徳授業では、道徳的な「行為」にかかわる「体験的な学習」も、これまで以上に行われるようになっていくでしょう。

日本の子どもの多くは、例えば、いじめられ困っている友達に声をかけてあげたいという「気持ち」（道徳的心情）はもっていても、実際に声をかけるという「行為」を行うところまではできないことが少なくないからです。

この日本の子どもの道徳性の弱点を補強するためにも、道徳の授業で、実際の道徳的「行為」につながる指導を行う必要があります。心理学的に言えば、道徳授業におけるスキルトレーニングが必要になるのです。そうした実践の代表格が、モラル・スキル・トレーニングです。

◎モラル・スキル・トレーニングの考え方

モラル・スキル・トレーニングの基本的な考え方についてまず説明します。［林泰成　文献⑧50〜55ページ］

道徳の時間には正しい答えを出せるのに、実際の場面では具体的な行動がわからず、道徳的な行動のできない子どもたちがいます。例えば電車に乗って座っている状況で、目の前にお年寄りが立っています。おそらく皆さんの学校でも、クラスの半分以上の子どもたちが、「席を替わってあげたいな」と思うと思います。道徳的心情はもっているわけです。けれども実際に席を譲ることができる子どもは、クラスの中で半分以下しかいないのではないでしょうか。

つまり、席を譲ることができない子どもたちは、道徳的心情はもっているけれども、スキルがないのです。実際に行動に移すためにはどうすればいいのかわからないので、席を譲ることができないわけです。このように「席を譲ってあげたい気持ち」（道徳的心情）はもっているけれども、スキル（技能）がないために、どうすればいいかわからないから、席を譲ることができない（道徳的行動が取れない）子どもたちがたくさんいます。

そのような子どもたちには、具体的な行動の仕方をスキルとして教えることが必要です。こうした考え方に基づいて、道徳の時間にソーシャル・スキル・トレーニング（SST）を取り入れた授業実践も行われています。例えばあいさつの仕方や、人間関係のつくり方をスキルとして教えるというやり方です。

しかし、ソーシャル・スキルにたけた人間が、常に道徳的に行動するとは限りません。例えば「詐欺」という犯罪について考えてみましょう。詐欺師は人をだませるぐらいにソーシャル・スキルを身につけています。けれども道徳性が低いので詐欺という行為を行うわけです。

みなさんのまわりの、いわゆる非行傾向のある子どもたちのことを考えてみましょう。万引をする子どもたちを思い浮かべてください。人間関係のスキルに関しては、子どもたちの平均よりも高いことが多いのではないでしょうか。ソーシャル・スキルは十分にもっている。人間関係のスキルはもっているけれども、万引をしてしまうわけです。

このように、単にソーシャル・スキルが高いだけでは道徳的な行動はできません。そこで道徳的なスキルを身につけさせる必要があるわけです。

あるいは、いじめのことを考えてください。いじめの加害集団のなかにいて人を動かし、自分は決して表に出ることがない子どもたちがいます。彼（彼女）は、人を動かすことができるほどソーシャル・スキルにたけているにもかかわらず、それを悪用しています。

そこで、対人関係をつくる技能としてのソーシャル・スキルにとどまらずに、モラル・スキル（道徳的な技能）を身につけさせることが大切だという考えで行われているのが、モラル・スキル・トレーニングです。

◎モラル・スキル・トレーニングの授業モデル

モラル・スキル・トレーニングの授業では、次の二つを重要な要件と考えます。

> ① 具体的な行動の指導になっていること。
> ② 道徳教育になっていること。

モラル・スキル・トレーニングの授業には、二種類あります。一つ目のタイプは、具体的な行動の仕方の指導という面を強調するタイプです。実際の行動の仕方を教えるので、ソーシャル・スキル・トレーニングにきわめて近いプログラムとなります。二つ目のタイプは、自由な役割の創造としてのロール・プレイングを導入した道徳授業です。一つ目のタイプである程度の型はめ、二つ目のタイプで自由な役割の創造、両方とも大事にするわけです。

私は、この二つのタイプの授業では、どちらかというと自由な創造を重んじるタイプです。以下に紹介するモラル・スキル・トレーニングも、自由な創造を重要視する二つ目のタイプのものです。

では次に、モラル・スキル・トレーニングの実践例を三例紹介したいと思います。

「モラル・スキル・トレーニングによる道徳授業」実践例１

給食の場面でのモラル・スキル・トレーニング（小学校）

次に紹介するのは、林先生の教え子の田原早苗先生による授業です。［授業者：田原早苗　文献⑧　56〜65ページ］

○**主題名**……ぼくにできること　4―1　役割・責任

○**資料名**……『給食当番』自作資料（本書では一部要約）

給食の時間が終わり、ぼくたち給食当番は後片づけをしようとしていました。ところが、ふと見ると、あきおさんがまだ給食を食べていて片づけることができません。あきおさんは、給食を食べるのが遅くいつも先生から注意されていました。給食当番のみんなは、

「あきおさん、早く食べてよ。片づけられないよ」

「決められた時間に食べ終わりなさいって先生もいってるでしょ」

「えー、でもさー、あんまり急がせてもかわいそうじゃない」

「じゃあ、後片づけ調べ、百点にならなくてもいいの？」

「どうすんのよ」

と、もめはじめました。

あきおさんは、一生懸命食べているのですが、なかなか食べ終わりそうもありません。ぼくも給食当番です。給食当番のみんなの話を聞いたり、あきおさんの様子を見たりして、どうしたらいいか困ってしまいました。


これは、小学校の給食の場面を取り上げたものです。こういう簡単な資料を提示します。学校生活のなかでよくある、人間関係においてどうすればいいかわからない場面を、簡単に資料として提示します。

学校生活のなかでよくある場面を取り上げるのは、モラル・スキル・トレーニングのいいところです。子どもたちの日常場面で実際にある問題場面を取り上げて、行動の仕方を学習するわけです。

①　資料の提示

具体的な授業展開法は、次のようになります。

資料を提示して全文を読み、内容を確認します。例えば、「『ぼく』は、どうして困っているのでしょう」「『ぼく』はどうしたらいいのでしょう。自分の考えを書きましょう」などと発問しながら内容を確認します。そして自分の判断をワークシートに書かせます。

② ロール・プレイング1

まず最初に、「それでは、みなさんが『ぼく』役です。あきおさんと給食当番が話しているところをロール・プレイングしてみましょう。先生があきおさん役をします」と言って、教師がみんなの前でロール・プレイングを演じます。ここはとても重要な点です。教師がモデリングの意味も含めて、ロール・プレイングをします。子どもたちの前でデモンストレーション（お手本）を見せるのです。

③ シェアリング

次にシェアリングです。どの「ぼくの行動」がよいかを話し合います。あきおさんの気持ちを考えて行動を選び、次に給食当番の気持ちを考えて行動を選びます。そしてみんなが納得する方法を考えます。

「どうしてその方法を考えたのですか」「いまの気持ちはどうですか」「これと同じ方法で理由の違う人、または、違う方法を考えた人は発表してください」「給食当番のみんなの気持ちを考えたらどの方法を選ぶのがいいでしょう」「あきおさんの気持ちを考えたらどの方法を選ぶのがいいでしょう」「あきおさん、給食当番、みんなの気持ちを考えると、どの方法を選びますか。みんながOKと思える方法はどれかな」というふうに発問します。そして、どの方法がいちばん良いかを話し合うわけです。

④　**ロール・プレイング2**

話し合った結果、いちばんいいのではと考えられた方法について、ロール・プレイングをします。となりの人と交代しながら演じます。また、相手を替えても行います。

「ワークシートに書いた方法をロール・プレイングしましょう」「役割を交換してやってみましょう」「みんなの前でロール・プレイングを発表しましょう」。

モラル・スキル・トレーニングの大きな特徴ですが、例えば三人一組や四人一組で役割を交代しながら、全員が「ぼく（わたし）」の役をやることが、とても重要です。全員が主人公の役をします。

先生は机間巡視をしながら、よくできているグループを見つけて意図的に指名をします。そしてみんなの前でロール・プレイングを発表させます。

⑤　**最終判断**

自分の考えを最終決定し、ワークシートに記入します。「最後に自分がいちばんいいと思った方法をワークシートに書きましょう。理由も書きましょう」と投げかけます。いい考えを書いている子どもを机間巡視で見つけて、意図的に指名をして終わります。

次の二つの実践例は、私が上越教育大学の大学院の集中講義にうかがった際に、現職教員の受講生の方が授業で発表した内容に、私が行ったアドバイスによる改変を加えたものです。

「モラル・スキル・トレーニングによる道徳授業」実践例２

友人関係を学ぶモラル・スキル・トレーニング（小学校六年生）

○主題名……友情　２―２

○資料名……自作資料（本書では一部改変）

二つめの実践例は、友人関係を学ぶモラル・スキル・トレーニングで、小学校六年生を対象にしています。主題名は「友情」で、自作資料を使ったものです（ワークシート参照）。このような非常にわかりやすい資料を使います。

①まず友達に、「こうしよう」と言われてほんとうはやってはいけないと思いながらやっていたことについて、発言を聞きます。宿題が終わっていないのに遊びに行こうと言われて、遊

びに行ってしまったなどの意見が出ます。

②次に先ほどの資料を読みます。資料内容を確認していきます。

③そのうえで、教師と児童二人の三人で、教室を出る場面までについてロール・プレイングのデモンストレーションをします。

④その後で、クラスの全員がロール・プレイングをします。クラス全員が三人一組になって、気まずい場面について演じます。交代して三人とも、どの役も演じることができるようにします。

「ぼく」役のとき、どんな気持ちになったかをクラス全体で話し合います。

ジャンケンをして順番を決めておき、教師の指示で交代して演じるようにします。

⑤「ぼく」はどうすればよかったかを、三人で話し合います。班のほかの人たちの考えをワークシートに書いていきます。

ワークシートには、自分の考えと班の友達の考えを一枚のシートに書けるようになっています。後で、班でどうすればよかったかを話し合って一つ決め、ワークシートに書き足します。班で「こうすればいい方法」を一つ決めるのです。

そして⑥それぞれのグループが考えた「いちばんいい方法」を発表し、⑦クラス全体で、いちばんいい行動について話し合います。⑧その中でクラス全体で決まったいちばんいい行動を、

ワークシート

ぼくとゆうと、まさおの３人は仲が良く、いつも３人で一緒に帰っている。

この日、帰ろうとランドセルを背負おうとしたとき、ゆうとがぼくに、「今日はまさおと一緒に帰るのはやめようよ。休み時間に『ボール貸して』と言ったけど、まさおは貸してくれなかった。むかつく」と言ってきた。どうやら、２人は今日、けんかをしたらしい。２人で話をしているところへ、まさおが「帰ろう」といつものようにやって来た。ゆうとは、その言葉を無視してスタスタと早歩きで教室を出ていき、ぼくだけに「いそげ」と言って手招きをした。ぼくは、まさおに何も言わず、ゆうとの後を追って教室を出た。でも、ぼくは、ずっとまさおのことが気になっていた。ぼくは、どうすればよかったのだろうか。

●ぼくはどうすればよかったのだろうか

		どうすればよかったか	その理由
自分の考え			
班の友達の考え			

☆今日の授業で、気づいたこと・学んだことは何ですか。

また三人一組になってロール・プレイングをします。全員がすべての役を交代でするようにします。

私が見たところ、いちばんの解決策は、「ちょっと待てよ」とゆうとを引き止めて、「ぼく、やっぱり三人で帰りたいな。まさお、一緒に帰ろう」「何、おまえらけんかしてんの？　何やってんの、話、聞いてやるよ」などと、とにかく三人で帰ることです。

中には「ゆうとまさお、それぞれから話を聞く」という行動を選択する子もいますが、クラス全体で話し合うと「その場で解決する」「一緒に帰ろうぜと、ゆうとまさおの両方に声かけする」「帰りながら両方と話し合いをして説得する」「その場で仲良くして解決する」を選ぶ子どもたちが多いです。

⑨教師が机間巡視をしながら、いちばんうまくできているグループを探して、クラス全員の前でロール・プレイングをしてもらいます。⑩ワークシートに気づいたこと、学んだことを書いてもらって、⑪何人かに発表させて終わります。

「モラル・スキル・トレーニングによる道徳授業」実践例3
「いじめ」について学ぶモラル・スキル・トレーニング（中学校一年生）

○**主題名**……「いじめを許さない言動」を　見て見ぬふりはしない勇気をもとう

授業実践例の3は、いじめについて学ぶモラル・スキル・トレーニングで、中学校一年生の実践です。いじめを許さない言動、見て見ぬふりはしない勇気をもつことを学びます。

①まず教師と生徒三、四人によるモデルロールを行い、ほかの生徒はこれを観ます。次に資料（ワークシート）を配って問題場面についての確認をします。

移動教室に移動するときにある子どもを仲間外れにするという、非常によくある場面を取り上げているのがいいと思います。

②資料の内容を確認したら、登場人物の気持ちをワークシートに書かせます。

モラル・スキル・トレーニングでは、資料とワークシートが一枚になっていることが多いです。これなら、準備も簡単ですね。A子、B子、C子、自分の四人の登場人物の気持ちを考え、書かせます。

そして、③中心課題である「いじめをやめさせるためには、どうしたらいいか」解決策を考

ワークシート

こんなときどうする？　見て見ぬふりをしない勇気をもとう。

	A子はB子をいつものように移動教室に誘おうとします。
A子	「B子ちゃーん、一緒に……」
C子	会話をさえぎるように「B子ちゃん！　一緒に理科室まで行こうよ！」
	B子は一瞬A子を見る。
C子	「B子ちゃーん、早く行こ！……おくれちゃうよ。B子ちゃん行くよっ」
	B子を誘おうとしたA子でしたが、B子はC子と行ってしまいます。A子は後ろからついてきます。ついにB子はA子から完全に離れてしまいました。
	C子は、わざとA子に聞こえる声で文句を言っています。
C子	「うわっ。なんか後ろからついて来てるんですけどー。まだ嫌われてることに気づいてないの？」
B子	B子は嫌われたくないので、笑顔でC子に合わせます。
	たまたまそれを後ろから見ていた自分たちが、異変に気づきます。
自分	心の声：「あの３人変だよね？　A子は１人になってるし、めっちゃA子の文句言ってるし。何かあったかな？　でもまあ、一時のことでしょ！　あんなの１週間くらいすればすぐに仲直りするって！　うちらがあーだこーだ言うと、もっとややこしくなるよ。気にすんなって！　先生だってそのうち気づくだろうし。ほっとこ、ほっとこ。早く行こう」
	おかしいと思っても自分から止めることができずに、A子のいじめは見逃されてしまいました。 （他人事にとらえている傍観者）

1．登場人物の状況、気持ちを考えましょう。

A子：

B子：

C子：

自分：

2．こんなとき、自分ならどういう行動をとったらいいと思いますか。

		こうしたらいい	その理由
自分の意見			
班のほかのメンバーの意見			

3．今日の活動を振り返って、気づいたこと、学んだことなどを書きましょう。

えます。

まず一人で解決策を考えて、ワークシートに記入します。次に班で発表し合って、お互いの解決策について質問し合い、理解していきます。

④各班で「こうすればいい」という解決策を一つ決めて、⑤それを発表します。「A子に声をかけて、みんなが嫌っているわけではないことを伝える」「A子に声をかけて一緒に理科室に行こうと誘う」「B子、C子に、それぞれ後で別々に、どうしたの？　と聞いてみる」「B子、C子が一人のときに聞いてみる」「先生に相談する」。こういった意見が出ます。

⑥そして次に、クラス全体で、それぞれの班が発表した解決策について良かった点、工夫するとよい点について意見を出します。

⑦クラス全体で「最も良い解決策」を決めます。

⑧四人一組になり、クラス全体でいちばんいいと決まった解決策（例：「A子を誘ってみる。後でB子、C子に話を聞いてみる」）について、四人一組でロール・プレイングをします。ロール・プレイングは役割を替えながら順に行い、四人全員が「A」「B」「C」「自分」の、すべての役をできるようにします。

ロール・プレイングは大きく二つの場面に分かれます。一つめの場面でA子を誘い、二つめの場面でB子、C子、それぞれに話を聞くロール・プレイングをします。どの子も「自分」の役をやるのが、モラル・スキル・トレーニングのとても大事なところです。

⑨最後に振り返りシートに記入させて終わります。

モラル・スキル・トレーニングでは、実際に道徳的な行動をするために、「具体的に何ができるか」を子どもたちに考えさせ、決めさせます。決めた行動をすべての子がロール・プレイングをして演じます。実際に道徳的な行動ができるようになるためには、ほかの人が教室で演じているのをただ見ているだけでなく、小グループに分かれて全員が自分で演じる、というのが大きな効果を発揮します。

道徳的な行為・行動についての体験的な学習であるモラル・スキル・トレーニングの授業は、これからますます多くの学校で行われるようになるでしょう。

おわりに　道徳授業を支える「教師としての使命感」

○教師のミッション（使命感）とパッション（情熱）
――「子どもの人生に影響を与える」という役割を引き受ける

教師という仕事をするうえで最も重要なことは、「教師にだけ与えられた固有の使命感」をもつことだと私は思います。教師という仕事は、「子どもたちの心に、人生に、大きな影響を与える」「子どもたち一人一人の人生に大きな影響を与える存在として、子どもたちの前に立つ」という、たいへん責任の大きい仕事です。「それを、自分自身の人生の大きなひとつの使命として、引き受けようという決意と覚悟」がない人は、教師という仕事をすべきではない、と私は思います。

教師は当然のことながら、教員採用試験を受けて教師になるわけです。しかし、中には残念ながら、あまり使命感らしきものすらもたず、子どもたちの人生に大きな影響を与えるのだという自覚も覚悟もなく、なんとなく教師になっている人もいます。私はやはり、ダメな教師に共通しているのは、能力の有無以前に使命感がないこと、「子どもたちの人生に大きな影響を与える者として、その前に立つ」という使命感と情熱の欠如だと思います。

ミッション（使命感）とパッション（情熱）こそ、教師になるうえで最も重要なことだと思います。ミッションとパッションこそ、教師の精神性の柱になるべきものです。

○日々の生活、丸ごと教師

子どもの魂が震えるような授業ができるためには、まず、教師自身が魂を打ち震わせて日々を生きている必要があります。

本気で生きていなくてはならないのです。

教員採用試験を受けて合格すれば教師になれるわけですが、もし、その人が教師にならなければ、別の人が教師になることができたわけです。もっと本気で子どもたちの前に立つ。そういう先生と子どもたちがめぐりあえたわけです。

例えばいじめの問題ひとつにしても、いじめの芽がクラスの中にあることをなんとなく感じながら、なおざりな対応でよしとする先生もいます。一方、いじめやからかいといった授業中の行動に、「ちょっと待った」をかけて「いま、あなたがしたことは、人間として許されないことだと僕は思うんだ」というふうに、本気で子どもたちにかかわっていける先生がいます。

一人の教師が学級の担任になる、ということは、別の教師が学級担任になるチャンスを奪っていることなのだという自覚をもって、教壇に立ってほしいと思います。

小学生にしろ中学生にしろ、きわめて多感で、出会った人から多大な影響を受ける時期です。子どもの一年は、その後の人生に一生続くような大きな影響を受ける一年です。その一年を、学級担任として、あるいは担任でなくとも授業者として、毎日子どもたちを教え続けるのです。子どもたちの人生を変えるほどの大きな影響力がある立場に自分は身を置いているのだ、という責任感と使命感をもって、教師という仕事に取り組んでほしいと思うのです。

私は、教師の養成や再研修の場で、あるいは「悩める教師を支える会」の代表として先生方にかかわり続けて、思うことがあります。

それは「教師というのは、いざとなれば、すごい力を発揮する人たちなのだなぁ」ということです。先生方が本気になって、しかもスクラムを組んで教師チームとして動き始めたときには、私たちカウンセラーなんて吹き飛んでしまうほどの、ものすごい大きな力を発揮しはじめます。

一人のカウンセラーではとても救うことができない子どもでも、教師集団が本気になれば、救うことができることがしばしばあります。そんな場面を何度も見てきました。

だからこそ、教師という仕事は、子どもたちにそれほどまでに大きな影響力を与える仕事なのだ、という自覚と使命感、情熱――それをもった人でないと、教師という仕事は務まらないという思いがあります。

熱心な先生方はよく「給与明細をちゃんと見たことがない」と言います。給与のために仕事をしている、という自覚がないのです。ほんとうに有能な教師は、給与の何倍かの仕事をしているという自負があるのです。給与明細を気にし始めたら、とても教師という仕事はやっていられない。そう思うぐらいのエネルギーと情熱をそそいでいる教師。こういう教師がほんとうに優秀な教師なのだと思います。

ある小学校の先生は、例えば百円均一ショップに入ったら、そこで売っているものすべてが「教材」に見えてきます。「これは、今度授業でどう使おう」「学級会でどう使おう」というふうな視点ですべてのものを見るのです。新聞を読むときにも、ただの読者として読むのではなく、「もしかしたらこれは教材に使えるのではないか」という目でいつも新聞を読んでいるし、テレビ番組・ドラマ・ニュースなどを観るときも同じように「これは教材に使えるのではないか」という視点で見ているのです。

一言で言えば、「日々の生活、丸ごと教師」です。

教師という仕事のために人生のエネルギーのすべてを注いでいるのです。

ニュース等で報道されるのは問題を起こした教師ばかりですが、私が出会った先生方の八割は、熱心で使命感をもった先生方でした。私は、教師もしくは教師集団に基本的な信頼感をもっていますが、それは、これまでそうした素晴らしい先生方に接してきたからだ、と思います。「自分の生活すべてをかけて教師という仕事に投入している」——そんな優秀な教師がたくさんいます。そしてそんなミッションとパッションを抱いて教師生活を日々送っていると、おのずと、道徳授業で「子どもたちにほんとうに伝えたい大切なこと」が生まれてくるのだと思います。

○隠れた大問題
——道徳授業のトレーニングができる大学教員が皆無に近い

道徳の授業の問題を考えるときの隠れた大問題の一つは、道徳授業がほんとうにできる教師を育成できる現場感覚に富む大学教員の絶対数がまったく足りない、ということです。

道徳に限らず、「教師の資質」を保つためには、当然ながら、教師を育成する力をもった人間が必要です。しかしその絶対数が圧倒的に不足しているのです。そのため、いくらカリキュラムを整えても、実際に力のある教師を育てることができないのが現状です。

例えば、いじめの問題にしても、いくらいじめがいけないとか、いじめはどのような心理的プロセスを経て生じるのか、といったアカデミックな知識を詰め込まれても、実際にいじめを減らすことには役立ちません。

「もし、放課後あなたがトイレの近くを通りかかったら、三人の男子生徒A君B君C君と、ふだん彼らと話をしているところを見たことがないD君がいた――こうした場面に出くわしたとき、あなたはどうするでしょうか」

講演会や研修会で私が質問したところ、多くの教師は「声をかけます」と答えます。しかし、実際には、教師が「おい、何やってるんだ、早く帰るんだぞ」と声をかけたその直後に、まさにつない数分前に教師が通ったその場所でリンチに近いいじめが行われていたという何とも残念なケースが少なくないのです。

私であれば、どうするか。こうした場面に出くわしたら、黙ってD君の腕を掴み、そこから別の場所に移動させ、事情を聴取します。これくらいの実力行使をしなければ、またこうした判断を一瞬のうちにできなければ、その子をいじめから守ることはできません。

教師になるには、学術的な知識ではなく、実践的な技能の習得が必要です。

その習得のためには、①モデリング、②ロールプレイ、③ディスカッションという三つのステップで、実践的な技術を身につけさせていくトレーニングをしていく必要があります。これをしなかったら、いじめから子どもを守るための力が身につくはずがありません。

しかし、こういった実践的なトレーニングを行っている教員養成学部がどれほどあるでしょうか。また、そうしたトレーニングを行っている授業はどれほどあるでしょうか。皆無に近い、と思います。

教員養成はいま大学でやっていますから、教員志望者をトレーニングしているのは、基本的には大学教員であるはずです。ところが、ほんとうに学校現場のことに通じていて、現場の教師の力量をアップさせていくことができるような実践的なトレーニングを教員養成や現職教員対象の研修で行うことができる大学教師はほとんど存在していません。

特に、道徳授業づくりができる教師を育てるための実践的なトレーニングができる大学教員は、皆無に近いのです。

これは、大問題です。

では、なぜこんな問題が生まれてくるかというと、教員養成にあたる大学教員の採用方法の問題が大きいと思います。例えば、教員養成学部の教授や准教授になる人というのは、教師のトレーニングができるという条件を満たしているから採用されるわけではありません。心理学や教育学などにかかわる学術論文や著書を書いていて、学者としての業績をもっている人が、大学教師として採用されるわけです。研究を目的としたほかの学問分野と同じように。

当然のことですが、心理学や教育学の分野で専門的な論文を書く能力と、実践的な教師のトレーニングができる能力とは、まったく異なります。つまり教師という実務家を養成したり研修したりする大学教員を養成するシステムがまったくと言っていいほど、つくられていないのです。そしてその結果、実際は研究者養成に適した人物が、実務家養成を目的とした学部等で採用されているのです。

教員養成や教師の研修を行う人材を育成するシステムがまったく整備されていない――これが実は、大問題なのです。

特に、道徳教育に関しては、日本の多くの大学に（私の出身校である筑波大学のほか、大阪教育大学や上越教育大学などの一部の大学を除いて）「道徳教育学」の研究室が存在していないこと、特に大学教員を育成する博士課程が存在していないことがきわめて大きな問題です。道徳教育を専門とする大学教員が生まれないシステムになってしまっているのです！

この問題を放置したまま、道徳教育のカリキュラムや研修を充実させていっても、それを実際に担当することができる人材がいないのですから、話になりません。

特に、道徳授業に関しては、これは深刻です。

私は、これこそが、道徳教育について「一定の資質・力量」をもつ教師の育成や研修を行っていくうえでの最大の障壁だと考えています。特に小学校高学年から中学校においては、「道徳」の教員免許を出し、学級担任ではなく「道徳を専門とする教師」が道徳の時間を担当するようにすべきではないかと思います。

本書をお読みいただいた方にはおわかりになると思いますが、それくらい「道徳」の授業では、高度に専門的な力量が求められるのです。

○「学年で、同じ授業」に取り組んでみよう
――ビギナー教師のスキルアップの近道

最後に道徳教育推進教師や、道徳主任の先生、学年主任の先生、教務主任の先生、そして、校長先生をはじめとした管理職の先生方にお願いがあります。

「これはいい！」「これ、うちの学校（学年）でやってみよう」という実践を見つけて、できれば、同じ学年のすべてのクラス、例えば一学年三学級の学年であれば、その同じ学年の三つの学級で同じ授業に取り組む機会を、少なくとも学期に一回程度、設けてください。そして、その授業の指導案検討のための時間をつくったり、同じ学年のほかの先生の授業を見られるような時間割上の工夫をしてください。これが、「ビギナー教師のスキルアップのためのいちばんの近道」だからです。

なぜでしょうか。

なぜそうすると、ビギナー教師の授業の腕が上がるのでしょうか。

それは、
① 学年の教師全員で「資料」の読み合いや、「指導案の検討」をすることで、いやがおうでも、道徳授業に全員が真剣に取り組まざるをえなくなるからです。
② 同じ学年のほかの先生の授業を見ることで、「あぁ、ここ、うまいなぁ」「こんなふうにやればいいいんだ！」という気づきが、たくさん生まれてくるからです。
ビギナー教師の授業スキルが、いやでも向上していかざるをえないような「学校環境」をつくることができるのです。

「え？　たしかに、それができたらいいと思うけど……うちの学校（学年）は単学級だから、それはできない」と思われる方もおられるでしょう。

その場合、例えば低学年（一、二年）の学級合同（二学級なら二学級、三学級なら三学級合同）で、一緒に取り組んでみるのもいいと思います。

これが、ビギナー教師の授業の腕が急上昇していくいちばんの道です。

ぜひ、みなさんの学校（学年）でも、やってみましょう！

【参考文献一覧】（発行年順）

＊本書で紹介したアイデアや実践のいくつかは、次の拙著、拙編著で記したものをもとに、本書刊行にあたって、新たに書き改めたものである。

○文献①：L. E. ラス、M. ハーミン、S. B. サイモン著　遠藤昭彦監訳　福田弘・諸富祥彦訳『道徳教育の革新――教師のための「価値の明確化」の理論と実践』ぎょうせい　一九九一

○文献②：諸富祥彦著『道徳授業の革新――「価値の明確化」で生きる力を育てる』明治図書　一九九七

○文献③：諸富祥彦ほか編著『道徳と総合的学習で進める心の教育――エンカウンター、「価値の明確化」など新手法によるアプローチ　小学校低学年編、中学年編、高学年編、中学校編』明治図書　二〇〇〇

○文献④：諸富祥彦著『自分を好きになる子を育てる先生』図書文化　二〇〇〇

○文献⑤：諸富祥彦ほか編著『エンカウンターで道徳　小学校低学年編、中学年編、高学年編、中学校編』明治図書　二〇〇二

○文献⑥：諸富祥彦ほか編著『「心のノート」とエンカウンターで進める道徳　小学校低学年編、中学年編、高学年編、中学校編』明治図書　二〇〇四

○文献⑦：諸富祥彦編著『こころを育てる授業――育てるカウンセリングを生かした道徳・特活・総合・教科の実践　小学校編、中学校編』図書文化　二〇〇四
○文献⑧：諸富祥彦編著『道徳授業の新しいアプローチ10』明治図書　二〇〇五
○文献⑨：諸富祥彦著『人生に意味はあるか』講談社　二〇〇五
○文献⑩：諸富祥彦ほか編著『「道徳シート」とエンカウンターで進める道徳　小学校低学年編、中学年編、高学年編、中学校編』明治図書　二〇〇七
○文献⑪：諸富祥彦編著『人間を超えたものへの「畏敬の念」の道徳授業　小学校編、中学校編』明治図書　二〇〇七
○文献⑫：諸富祥彦ほか編著『11の徳を教える　小学校低学年編、中学年編、高学年編、中学校編』明治図書　二〇〇九
○文献⑬：諸富祥彦編著『生と死を見つめる「いのち」の道徳授業　小学校編、中学校編』明治図書　二〇一〇
○文献⑭：諸富祥彦編著『ほんものの「自己肯定感」を育てる道徳授業　小学校編、中学校編』明治図書　二〇一一
○文献⑮：諸富祥彦ほか著『すぐできる「とびっきり」の道徳授業　小学校低学年編、中学年編、高学年編、中学校編』明治図書　二〇一二

○文献⑯：諸富祥彦監『中学校「スピリチュアルな価値観」を育てる道徳授業――子どもの「内なる力」を呼び覚ます』明治図書　二〇一二
○文献⑰：諸富祥彦著『教師の資質』朝日新書　朝日新聞出版　二〇一三
○文献⑱：諸富祥彦編著『ほんもののエンカウンターで道徳授業　小学校編』明治図書　二〇一四
○文献⑲：諸富祥彦編著『ほんもののエンカウンターで道徳授業　中学校編』明治図書　二〇一四
○文献⑳：諸富祥彦著『図とイラストですぐわかる教師が使えるカウンセリングテクニック80』図書文化　二〇一四

〔お知らせ〕　人間形成にかかわる教師は，自らの自己成長，人間的成長をはかっていく必要があります。自己成長，人間的成長を目的とした心理学の体験的学習会（ワークショップ）を年に数回行っています。ご関心がおありの方は，私のホームページ（http://morotomi.net/）の研修会コーナーをご覧のうえ，メール（awareness@morotomi.net）もしくはFAX（03-6893-6701）にお問い合わせ／お申し込みください。郵送の方は，下記まで92円切手同封のうえ，お知らせください。

〒101-0062　東京都千代田区神田駿河台1-1　明治大学14号館
諸富研究室内「気づきと学びの心理学研究会」宛

「問題解決学習」と心理学的「体験学習」による新しい道徳授業

エンカウンター、モラルスキル、問題解決学習など「理論のある面白い道徳授業」の提案

二〇一五年六月二十日　初版第一刷発行　［検印省略］
二〇一六年四月二十日　初版第三刷発行

著者　諸富祥彦©
発行人　福富　泉
発行所　株式会社　図書文化社
〒一一二・〇〇一二　東京都文京区大塚一・四・一五
電話　〇三・三九四三・二五一一
ファクス　〇三・三九四三・二五一九
振替　〇〇一六〇・七・六七六九七
http://www.toshobunka.co.jp/

装幀　本永惠子デザイン室
印刷　株式会社　厚徳社
製本　株式会社　村上製本所

ISBN978-4-8100-5653-2　C3037
乱丁・落丁本の場合はお取り替えいたします。
定価はカバーに表示してあります。